YOUNG-JAE LEE

Ingrid und Werner Welle gewidmet

YOUNG-JAE LEE
DAS GRÜN IN DEN SCHALEN

Mit Beiträgen von
Gisela Jahn und
Nadine Engel
und einem Vorwort von
Peter Gorschlüter

Museum Folkwang arnoldsche

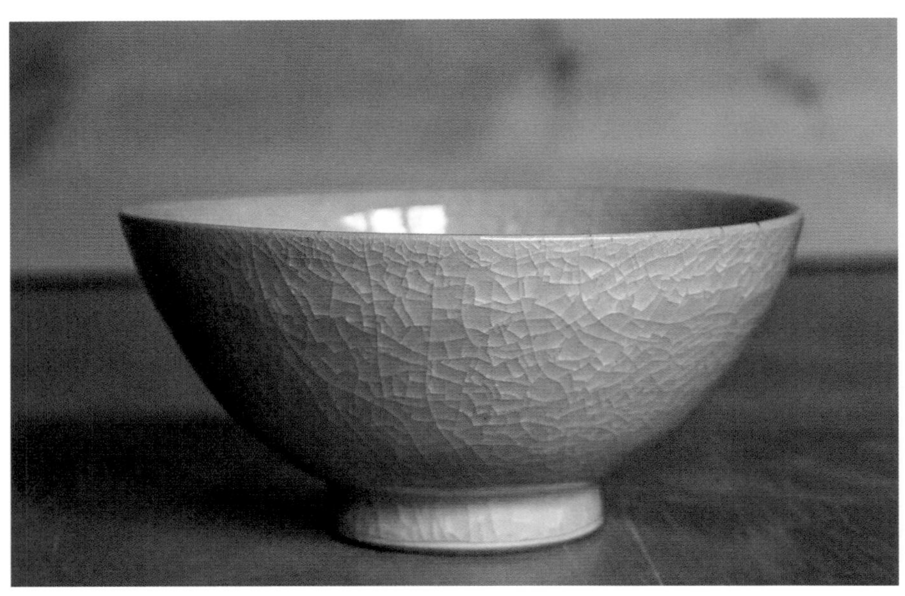

INHALTSVERZEICHNIS

Peter Gorschlüter

VORWORT UND DANK

Young-Jae Lees Keramische Werkstatt Margaretenhöhe auf Zollverein ist ein faszinierender Ort – ein Ort, an dem Geschichte und Gegenwart, Handwerk und Werkbegriff, Material und Form, Gebrauchs- und Betrachtungsgegenstand, Kunst und Natur, lokale Verankerung und internationale Vernetzung, soziale Gemeinschaft und wirtschaftliche Unternehmung sich begegnen – und nicht zuletzt ein synästhetisches Erlebnis. Ich erinnere mich an meinen ersten Besuch im Frühjahr 2018, einige Monate vor meinem offiziellen Amtsantritt in Essen. Young-Jae Lee konnte kurzfristig nicht zu unserer Verabredung erscheinen. Und doch war sie überall präsent – in den teils fertigen, teils noch unglasierten Keramiken, in den übervollen Regalen mit verworfenen Objekten, in der durch Keramikstaub leicht durchtränkten Luft, in dem fernöstlich anmutenden Garten zwischen den ehemaligen Zechengebäuden, vor allem aber in der Gemeinschaft ihres wunderbaren Teams – in der Begegnung mit Michael Schmandt an der Drehscheibe, in Daniela Glattkis kundiger Führung durch die Werkstätten, in Shoko Ishiokas Teezeremonie am Küchentisch bis hin zu dem gedeckten Apfelkuchen, gebacken in einer von der Keramischen Werkstatt gestalteten Schale. Arbeit, Kunst, Leben – eine Einheit.

Bei diesem ersten Besuch in ihrer Werkstatt ist mir bewusst geworden, dass es Young-Jae Lee um mehr geht als um das Gestalten ästhetischer Objekte. Ihre Gefäße sind Körper, eine Form zu denken und zu leben – eine Haltung, die Resonanz findet in der Folkwang-Idee der Einheit der Künste und des Menschen wie auch in der Bauhaus-Tradition als Schule und Werkstatt. Gemeinsam haben wir diesen Ansatz mit der Präsentation ihrer *Spinatschalen*, die zwischen Anschauungs- und Gebrauchsgegenstand, zwischen Unikat und Serie oszillieren, im Jahr des hundertjährigen Bauhausjubiläums aufgegriffen und sie in den Kontext der traditionsreichen Keramiksammlung im Museum Folkwang gestellt. Der lichtdurchflutete Gartensaal im Zentrum des Museums zeigte sich dabei als idealer Ort des Dialogs: von Werk zu Sammlung, von Objekt zu Betrachter, von Körper zu Körper.

Mein besonderer Dank gilt Young-Jae Lee und allen Mitarbeiterinnen und Mitarbeitern der Keramischen Werkstatt Margaretenhöhe. Nicht nur ihre Werke haben uns eingenommen, sondern auch das Wesen ihrer Gestalter. Nadine Engel, die Kuratorin für die Kunst des 19. und 20. Jahrhunderts am Museum Folkwang, spürte für die eindrucksvolle Präsentation mit großer Sensibilität den Objekten und ihren künstlerischen wie kulturhistorischen Hintergründen nach. Katalog, Ausstellung und die von Till Wellner gefertigten Ausstellungsmöbel entstanden in enger Zusammenarbeit mit der Werkstatt. In Veranstaltungen wie Lesungen, Teeverkostungen und einem Töpferworkshop konnten unsere Besucherinnen und Besucher an der Werkstattidee teilhaben und die Gefäße von Young-Jae Lee auch als Gebrauchsgegenstände erleben.

Unsere Ausstellung wäre ohne die Zusammenarbeit mit der Folkwang Universität der Künste nicht in dieser Form denkbar gewesen. *Körper zu Körper* im Museum Folkwang antwortete auf die Präsentation *Material zu Form* von Young-Jae Lee in der Mischanlage auf Zollverein. Stellvertretend für alle Mitarbeiterinnen und Mitarbeiter, Kooperationspartner und Förderer des Festivals *TRY AGAIN, FAIL AGAIN, FAIL BETTER – Impuls Bauhaus* möchte ich an dieser Stelle Elke Seeger und Christoph Dorsz herzlich für die gute Zusammenarbeit danken.

Der Großzügigkeit von Ingrid Welle ist es zu verdanken, dass dieser Katalog als eigenständige Publikation entstanden ist. Ihre Wertschätzung für das Werk von Young-Jae Lee wird so auf eindrückliche Weise greifbar. Weit über die Bauhausbezüge hinaus können wir mit diesem Buch in die historischen Hintergründe und den facettenreichen Entstehungsprozess von Young-Jae Lees *Spinatschalen* eintauchen. Gisela Jahn danke ich für ihren aufschlussreichen und persönlichen Aufsatz, der die Serie zu ihren Anfängen in Korea zurückverfolgt. Für das fundierte Lektorat zeichnet Annette Siegel verantwortlich. Nicht zuletzt freue ich mich, dass Dirk Allgaier die Veröffentlichung des Katalogs bei arnoldsche Art Publishers ermöglicht hat, einem Verlag mit ausgewiesener Expertise in den Bereichen Kunsthandwerk und Design.

Die vorliegende Publikation ist mehr als die Dokumentation einer Ausstellung. Sie lädt uns ein auf eine Reise durch die jahrhundertewährende Kulturgeschichte der Reis- und Teeschale, die sich durch die Hände der Töpferin in ihren *Spinatschalen* eingeschrieben hat und in diesen eine Fortsetzung findet. Ich wünsche Ihnen eine spannende Lektüre und Betrachtung.

Nadine Engel

ZWISCHEN *OBJETS SAUVAGES* UND AVANTGARDE

ZU DEN ANFÄNGEN DER OSTASIATISCHEN KERAMIK IM MUSEUM FOLKWANG

Im Oktober 1902, drei Monate, nachdem das Museum Folkwang seine Türen geöffnet hatte, begann in Hagen ein ambitioniertes Ausstellungsprogramm: In einem Saal im Erdgeschoss wurden den Besucherinnen und Besuchern im monatlichen Wechsel neue Themen aus Kunst und Gewerbe vorgestellt.[1] Die erste temporäre Ausstellung zeigte nicht ausschließlich Gemälde, sondern auch Keramiken nach den Entwürfen Henry van de Veldes (1863–1957) sowie ausgewählte Stücke der königlich-dänischen Porzellanmanufaktur.[2] 1903 folgte eine monografische Präsentation von Keramiken aus der Manufaktur Mutz in Altona, welche mit ihren Laufglasuren nach japanischem Vorbild auf der Weltausstellung von 1900 internationale Beachtung erfahren hatte.[3] Durch diese beiden Präsentationen war die Gattung der Keramik, insbesondere die Gefäßkeramik, von Beginn an in der Ausstellungstätigkeit des Museum Folkwang verankert. Auch in der Sammlung spielte sie eine wichtige Rolle.

Da bislang nur Teile der Bestände an Weltkunst, Archäologica und Kunsthandwerk aus dem Museum Folkwang im Detail erforscht sind, lässt sich noch nicht lückenlos bestimmen, welches die ersten keramischen Stücke sind, die in die Sammlung gelangten. Sicher ist, dass das Interesse von Folkwang-Gründer Karl Ernst Osthaus (1874–1921) vor der Jahrhundertwende zunächst der islamischen Kunst galt.[4] Der Ankauf eines Fliesenpaneels aus dem 17. Jahrhundert in Damaskus verdeutlicht, dass Gebrauchskeramik bei den frühen Erwerbungen um 1898 bereits eine Rolle spielte.[5] Wenn er nicht den Anstoß gab, dann förderte der Kontakt zu Justus Brinckmann (1843–1915), dem ersten Direktor des Hamburger Museums für Kunst und Gewerbe, Osthaus' Beschäftigung mit dem Medium der Keramik.[6] Die beiden trafen erstmals 1898 aufeinander, als Osthaus noch den Plan verfolgte, ein Museum mit Schwerpunkt auf Naturgeschichte und Kunstgewerbe zu gründen.[7] Ein Jahr später hospitierte Osthaus bei Brinckmann und erhielt so zwei Wochen lang Einblick in den laufenden Museumsbetrieb. Ausgehend von der Sammlung, die er seit 1869 aufbaute, hatte Brinckmann zu diesem Zeitpunkt nicht nur ein rund 800 Seiten umfassendes *Handbuch der Geschichte des Kunstgewerbes* (1894) vorgelegt, das einen Überblick über maßgebliche Erzeugnisse aus Europa wie aus Asien gab.[8] Als erster unter den deutschen Museumsdirektoren erwarb Brinckmann seit 1877 auch systematisch ostasiatisches Kunsthandwerk.[9] Seine Expertise ging in den kulturhistorischen Band *Kunst und Handwerk in Japan* (1889) und einen *Beitrag zur Kenntnis des japanischen Kunsthandwerks* (1892) ein, mit denen er seinen Ruf als Ostasienexperte weiter festigte. Es erscheint sinnfällig, dass Osthaus seine Aufmerksamkeit gerade um die Zeit, als er unter Brinckmann arbeitete, vom Kulturkreis Vorderasiens auf Ostasien und vor allem Japan ausweitete – in der eurozentristischen Perspektive des beginnenden 20. Jahrhunderts also vom Vorderen auf den Fernen Orient oder *L'Extrême-Orient*, wie es im Französischen hieß.[10]

Bis zur Eröffnung des Museum Folkwang im Jahr 1902 legte Osthaus mit umfangreichen Ankäufen bei Hermann Paechter (1839–1902) und dessen auf Japonika spezialisierter Kunst- und Verlagshandlung R. Wagner in Berlin den Grundstock für seine eigene Ostasien-Sammlung.[11] Im Bereich der Keramik galt schon in diesen frühen Jahren ein besonderes Augenmerk dem Teegeschirr samt Zubehör wie Schalenständen oder Teedosen, sogenannten *Chaire*. Japanische Teeschalen und Teebecher, *Chawan* genannt, waren in Europa erstmals auf der Weltausstellung von 1878 zu sehen gewesen, hatten aufgrund ihres derben Materials und der matten Glasuren jedoch kaum Beachtung erfahren.[12] Wenige Jahre später war es genau diese Art der »objets sauvages«,[13] der buchstäblich »wilden« Objekte, die der Westen mit Erstarken des Primitivismus suchte. Dass die Ästhetik der japanischen Teeschalen im Zusammenhang mit der koreanischen Keramiktradition stand, war schon damals bekannt, auch wenn das machtpolitische Verhältnis zwischen den beiden Ländern falsch beurteilt und Korea noch jegliche ästhetische Eigenleistung abgesprochen wurde.[14] So erwarb auch Karl Ernst Osthaus um 1902 bei Paechter drei japanische *Chawan* der Edo-Periode (1603–1868), die in ihrer Form und Glasur deutlich den Einfluss koreanischer Buncheong- und Joseon-Gefäße zeigen [ABB. 1–3; S. 47, ABB. 9, S. 50, ABB. 14, 15]. So wie die Kunst und das Kunstgewerbe in Frankreich seit der Weltausstellung von 1878

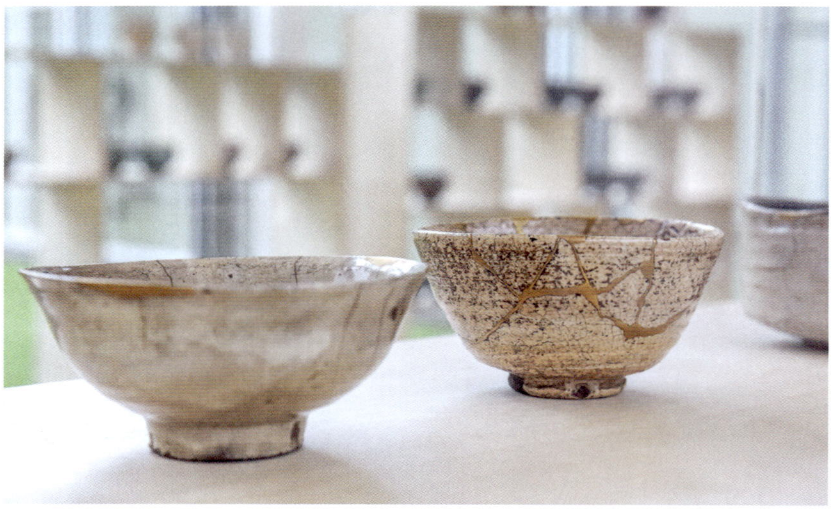

1 Museum Folkwang, Essen, Gartensaal, Ausstellung *Young-Jae Lee. Körper zu Körper*, 2019, rechts: Japan, Edo-Periode, 17. Jahrhundert, *Ido chawan,* H. 8,5 cm, D. 15 cm, Museum Folkwang, Essen, Inv.-Nr. K 278

durch Japan neue Impulse erfahren hatten, verband sich auch in Deutschland mit dem Ankauf ostasiatischer Objekte der Anspruch an eine Erneuerung des nationalen Kunsthandwerks.[15] Brinckmann hatte es formuliert, die Manufaktur Mutz demonstriert, und Osthaus stellte in seinem Museum sowohl die Vorbilder als auch die Nachfolger aus.

Über den Kontakt zu Paechter erweiterte Karl Ernst Osthaus seine Aktivitäten auf den französischen Markt für Asiatika.[16] Denn ganz im Gegensatz zu Deutschland hatte sich in Paris, dem Herzen der europäischen Japonismus-Bewegung, schon seit der zweiten Hälfte des 19. Jahrhunderts ein lebhafter Handel mit ostasiatischem Kunsthandwerk entwickelt.[17] 1903 gelangen hier größere Ankäufe aus den Sammlungen zweier zentraler Persönlichkeiten der Japonismus-Bewegung: Sowohl aus den Beständen des Kunsthändlers Siegfried Bing (1838–1905) als auch aus denen des Kunsthistorikers Edmond Taigny (1828–1906) kamen japanische Teeschalen und Gefäße nach Hagen.[18]

Wohl ausgehend von den *Chawan* der Edo-Zeit, die koreanische Ess- und Trinkschalen zum Vorbild nahmen, etablierte sich Korea bis spätestens 1912 zu einem neuen Sammelgebiet im Museum Folkwang.[19] Im Zuge einer zweiten

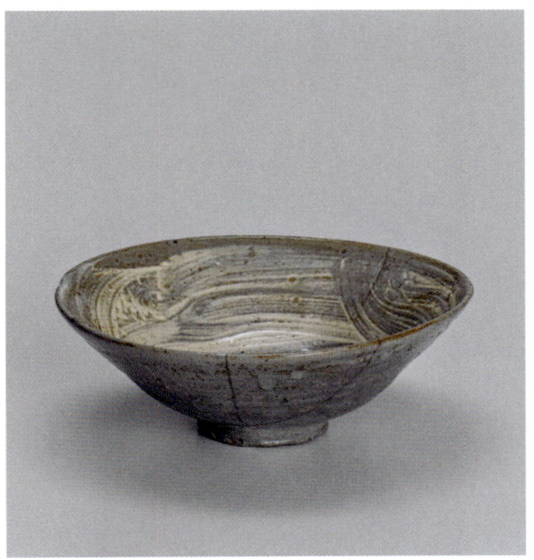

2 Japan, Edo-Periode, 17.–18. Jahrhundert, *Chawan,* H. 6,8 cm, D. 18,3 cm, Museum Folkwang, Essen, Inv.-Nr. K 255

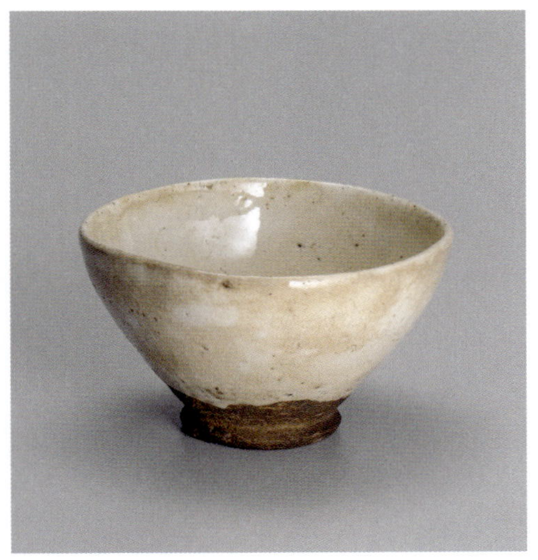

3 Japan, Edo-Periode, 17.–18. Jahrhundert, *Chawan*, H. 8,8 cm, D. 14,5 cm, Museum Folkwang, Essen, Inv.-Nr. K 256

größeren Ankaufswelle von Ostasiatika, die um das Jahr 1909 einsetzte, gelangte so etwa ein Seladon-Becher mit auffallender horizontaler Kannelur in den Besitz von Karl Ernst Osthaus. Obwohl dieser zwischenzeitlich als japanisch interpretiert wurde, blieb die ästhetische Nähe zu Korea, die seine Oberflächengestaltung mit den Einlagen in Vogel- und Blumenform nahelegt, zu Osthaus' Zeiten nicht unbemerkt: Das Stück wurde zusammen mit einem koreanischen Becher sowie einem *Chawan* nach koreanischem Vorbild als Werkgruppe aufgefasst und entsprechend fotografisch dokumentiert.[20] Die jüngste Deutung legt nun eine Herkunft des Bechers aus Korea nahe.[21]

Ein Vergleich der Beschreibungen der Dauerausstellung aus den Jahren zwischen 1902 und 1912/13 mit den erhaltenen Raumaufnahmen, die mehrheitlich in den 1910er-Jahren entstanden, verdeutlicht die Entwicklung der Sammlung ostasiatischer Keramik im Museum Folkwang. In einem Aufsatz zu der von ihm entworfenen Innenarchitektur des Museums subsumierte Henry van de Velde die Abteilung im Gründungsjahr des Folkwang unter dem Begriff orientalisch.[22] Ein Jahr später charakterisierte Hans Rosenhagen die ausgestellten Werke als japanisch.[23]

Aufstellungsort der Ostasien-Bestände war von Beginn an das Vestibül im Obergeschoss des Hagener Museumsgebäudes. Von der Eingangshalle, in der in den ersten Jahren Constantin Meuniers Skulptur *L'Abreuvoir* (1890) auf die fließenden Formen von Van de Veldes Architektur und Folkwang als Quell des Wissens verwies, führte eine Treppe in die obere Halle. Durch Postamente, Ecketageren und Glaskästen auf der Seite des Handlaufs wurde der Aufgang selbst zur Ausstellungsfläche und bot in der ersten Präsentation einer Vase sowie japanischen Korbflechtarbeiten Platz.[24] Im Vestibül des Obergeschosses waren unter anderen ostasiatischen Exponaten auch Keramiken auf den zwei Podesten einer Spiegelkonsole an der Wand zum späteren Vortragssaal sowie in zwei Vitrinen rechts und links des Eingangs zum großen Gemäldesaal aufgestellt [ABB. 4]. Das Oberlicht mit seinem Blütenkelch-Motiv aus rosafarbenem, grünem, gelbem und violettem Tiffanyglas ließ Besucherinnen und Besucher buchstäblich in die Atmosphäre des Raumes eintauchen, bevor sie die Sammlung an französischer und deutscher Malerei

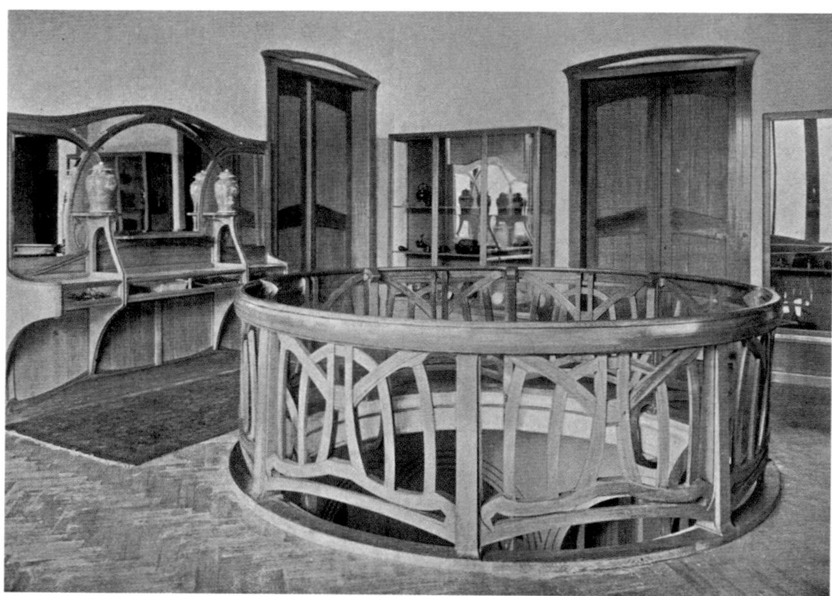

4 Museum Folkwang, Hagen, Oberes Vestibül, Ostasiatisches Kabinett, in: Rosenhagen 1903, S. 15

des Impressionismus durchschritten, die sich ihrerseits von Japan und dem Licht beeinflusst zeigte.

Schon bald nach der Eröffnung des Museums erforderte das stetige Wachstum der Ostasienbestände eine Anpassung der Ausstellungsflächen. War mithilfe von freistehenden Glasschränken bis 1906 »eine große Fensternische«[25] an der Ostseite des oberen Vestibüls abgetrennt worden, unterteilte man den für den Sammlungsbereich zur Verfügung stehenden Raum bis 1912 nach gleichem Prinzip in weitere Kabinette [ABB. 5]. Eine Reihe von Installationsansichten dokumentiert den Entwicklungsprozess ebenso wie Zeitzeugenberichte von Gertrud Osthaus, geborene Colsman (1880–1975), und Kurt Freyer (1885–1973), dem damaligen Assistenten am Museum Folkwang.[26] Die Abteilung umfasste nun im Ostflügel Bereiche zu China, Japan, Korea und Siam, das Karl Ernst Osthaus in Fortführung der kolonialen Sicht des 19. Jahrhunderts ebenso wie Laos und Birma (das heutige Myanmar) noch Indien zurechnete.[27] Auch Kurt Freyer, der sonst sachlich zwischen west-

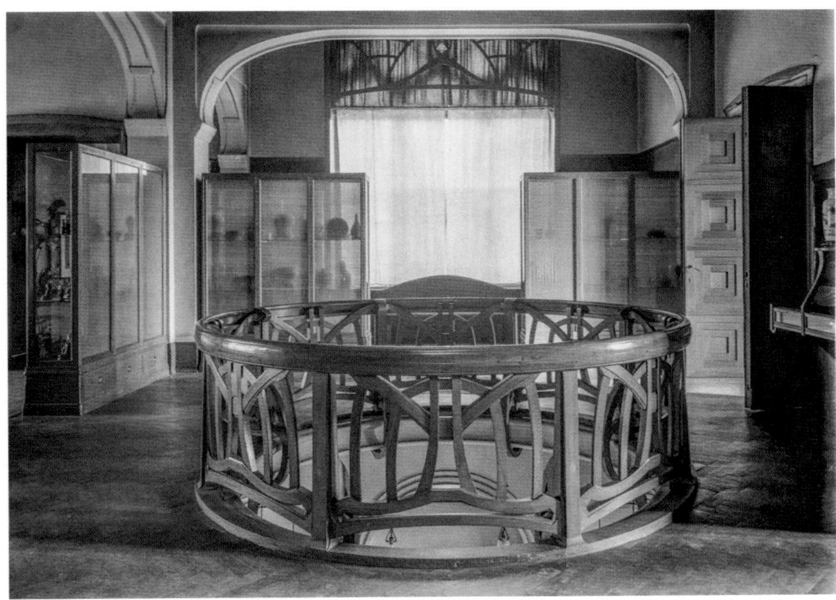

5 Museum Folkwang, Hagen, Oberes Vestibül, Ostasiatische Sammlung, 1917, Foto: Paula Deetjen

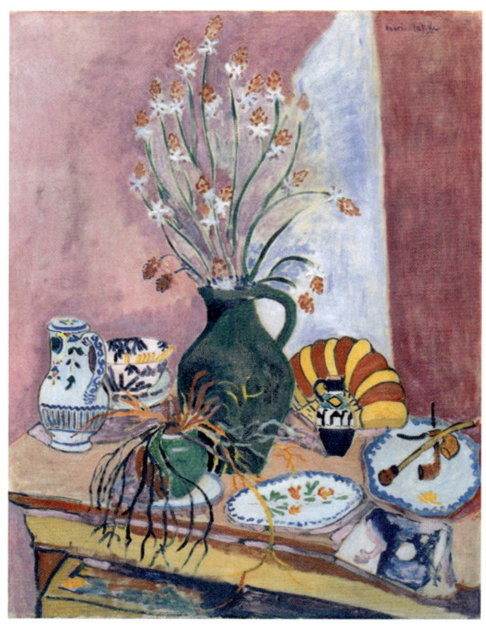

6 Henri Matisse, *Nature morte aux asphodèles*, 1907, H. 116,5 cm, B. 89 cm, Museum Folkwang, Essen, Inv.-Nr. G 115

asiatischer und ostasiatischer Kunst unterschied, sprach kursorisch von »indischer Plastik«, während Siam in den Ausführungen von Gertrud Osthaus als eigenes Gebiet neben Indien trat.[28] Die Neuaufstellung der Ostasienabteilung wurde dadurch begünstigt, dass die Familie Osthaus ihren Wohnsitz vom Museumsgebäude in den 1908 fertiggestellten Hohenhof vor den Toren der Stadt verlegte. Damit wurden ehemals privat genutzte Räume für die Sammlung frei.[29] Maßgeblich waren aber die Feierlichkeiten zum zehnjährigen Bestehen des Museums im Jahr 1912, aus deren Anlass die gesamte Dauerausstellung umfassend überarbeitet wurde.[30]

Im Erdgeschoss war Meuniers *L'Abreuvoir* schon seit einigen Jahren George Minnes *La fontaine aux agenouillés* (1905/06) gewichen. In der Blickachse vom Eingang wurde der Brunnen von Paul Gauguins ikonischem Südsee-Gemälde *Contes barbares* (1902) und Henri Matisses *Nature morte aux asphodèles* (1907) gerahmt – Fayencen und Steinzeug spielen auf dem Stillleben eine ebenso große Rolle wie die im Titel benannten Blumen [ABB. 6]. Minnes Werk machte die Metapher der Wissensquelle, die schon seit 1902 in Architektur

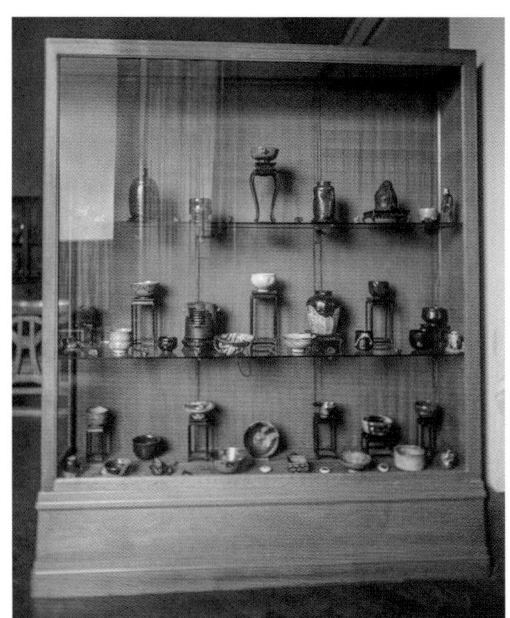

7 Museum Folkwang, Hagen, Oberes Vestibül, Ostasiatische Sammlung, Vitrine mit Teegeschirr, um 1917, Foto: Paula Deetjen

und Präsentation angelegt war, nicht mehr ausschließlich visuell, sondern auch auditiv und in der Bewegung erfahrbar. Mit der Auswahl der Gemälde wurde bereits im Foyer der Horizont abgesteckt, den die Sammlung überblickte: Das Museum Folkwang führte die Besucherinnen und Besucher von Europa bis nach Ozeanien, von der Bildenden Kunst bis zum Kunsthandwerk. Die Keramik – so lässt sich an beiden Beschreibungen der neuen Dauerausstellung aus den Rängen des Museums ablesen – verband 1912 alle Abteilungen des Folkwang miteinander. Wie ein roter Faden durchzog sie das Museum von der islamischen Kunst im Untergeschoss über die europäischen Werke der Antike und Vormoderne im Erdgeschoss bis zur asiatischen Kunst im oberen Vestibül. An diesem Knotenpunkt, wo die Gedankenfigur der Mnemosyne in einem eigenen Schrank für das ostasiatische Teegeschirr gespiegelt wurde [ABB. 7],[31] öffnete sich die Sammlung: Geografisch führte sie bis an die äußeren Ränder der Erde, zeitlich bis in die unmittelbare Gegenwart.

Es war die ostasiatische Abteilung, anhand derer Kurt Freyer in seiner Darstellung zum zehnjährigen Jubiläum bekräftigte, »wie das Folkwang-

Museum auch mit der wissenschaftlichen Kunstforschung Schritt zu halten sucht oder gar ihr vorauseilt«.[32] Tatsächlich fiel die Entwicklung der Hagener Bestände in eine Zeit, in der sich die ostasiatische Kunstgeschichte in bewusster Abgrenzung zur Ethnografie als eigenständiges Forschungsfeld an den deutschen Universitäten und Museen etablierte.[33] Im Jahr 1906, als die Abteilung im Museum Folkwang erstmals erweitert wurde, veranlasste der Generaldirektor der Preußischen Museen Wilhelm von Bode (1845–1929) die Gründung der Ostasiatischen Kunstsammlung in Berlin. 1909 formierte sich aus einer Stiftung des Ehepaares Adolf und Frieda Fischer (1856–1914 und 1874–1945) das Museum für Ostasiatische Kunst zu Köln. Angeregt durch eine Ostasienreise des Prinzen Rupprecht von Bayern (1869–1955) fand im gleichen Jahr in München die vielbeachtete Ausstellung *Japan und Ostasien in der Kunst* statt; neben vielen anderen Künstlern sollte sie die Mitglieder des Blauen Reiters nachhaltig beeinflussen. Sowohl die Sammlung des Ehepaars Fischer als auch die Münchner Schau zielten auf eine umfassende Darstellung der ostasiatischen Kunst und blickten über Japan hinaus auf Korea und China – Gebiete, die zeitgleich in der Folkwang-Sammlung erstarkten. Die zweite größere Ankaufswelle, mit der die ostasiatischen Bestände in Hagen breiter aufgestellt wurden, fiel deshalb sicher nicht zufällig auf die Jahre seit 1909. 1912 schließlich, als in Berlin erstmals die *Ostasiatische Zeitschrift* erschien, trat das Museum Folkwang in seiner neuen Sammlungspräsentation mit einer differenzierteren Sicht auf Ostasien an die Öffentlichkeit, so wie im September des gleichen Jahres auch die *Ausstellung Alter Ostasiatischer Kunst* in Berlin zeigte, wie weit man seit dem »Amateur-Japonismus« von Edmond und Jules de Goncourt (1822–1896 und 1830–1870) gekommen war.[34] In einem autobiografischen Text formulierte Osthaus noch 1918 seine Absicht, die in der Folkwang-Sammlung »verarbeiteten« Erkenntnisse zur ostasiatischen Kunst wissenschaftlich niederzulegen.[35] Resultierte daraus ein Jahr später die feste Anstellung von Karl With (1891–1980), der unter dem Pionier für ostasiatische Kunstgeschichte Josef Strzygowski (1862–1941) in Wien gelernt und sein Studium mit einer Dissertation zur buddhistischen Plastik abgeschlossen hatte?[36]

Zwischen 1902 und 1912 hatte sich die Ostasiensammlung im Museum Folkwang von einem orientalischen Kabinett zu einer differenzierten Abteilung entwickelt. Bei aller Fortschrittlichkeit erschließt sich heute aus dem Blick des 21. Jahrhunderts, dass Osthaus einer eurozentristischen Sicht auf die Welt verpflichtet blieb. Mit der mehrheitlichen Unterbringung der asiatischen Werke im Ostflügel und der europäischen Exponate im Westflügel teilte er die Kunst im Obergeschoss des Hagener Museums buchstäblich in

Ost und West. Woran Osthaus mit seiner Hinwendung zu Asien mitwirkte, war die Popularisierung des Orients, insbesondere in einer Gesellschaftsschicht, der zuvor ein breiter Zugang zu Kunst und Kultur versagt worden war. Für sie war das Museum Folkwang gegründet worden. Wie Suzanne Marchand dargelegt hat, wurde der Orient in den ersten Jahren des 20. Jahrhunderts maßgeblich über die Rezeption seiner Objekte, d. h. seiner materiellen Kultur, Teil der deutschen Populärkultur.[37] Federführend war dabei eine Generation von Wissenschaftlern, die ihrerseits nicht dem klassischen Universitätsideal entsprach, so wie es auf Kurt Freyer oder Karl With zugetroffen haben mag. Anders als ihre Vorgänger lösten sich die Jüngeren von religionsgeschichtlichen oder ethnografischen Deutungen und suchten nach einer intrinsischen Beurteilung der Objekte.[38] Indem sie sich Themen zuwandten, die zuvor als unwissenschaftlich oder unsittlich galten, wie der Mystik, der Sexualität oder dem Ritual, charakterisierten sie »ihren« Orient bewusst als anti-bourgeois.[39]

1922 wurde die ostasiatische Keramik mit den übrigen Beständen der Osthaus'schen Sammlungen nach Essen transferiert, wo das Museum Folkwang nach der Fusion mit dem Kunstmuseum Essen unter der Leitung von

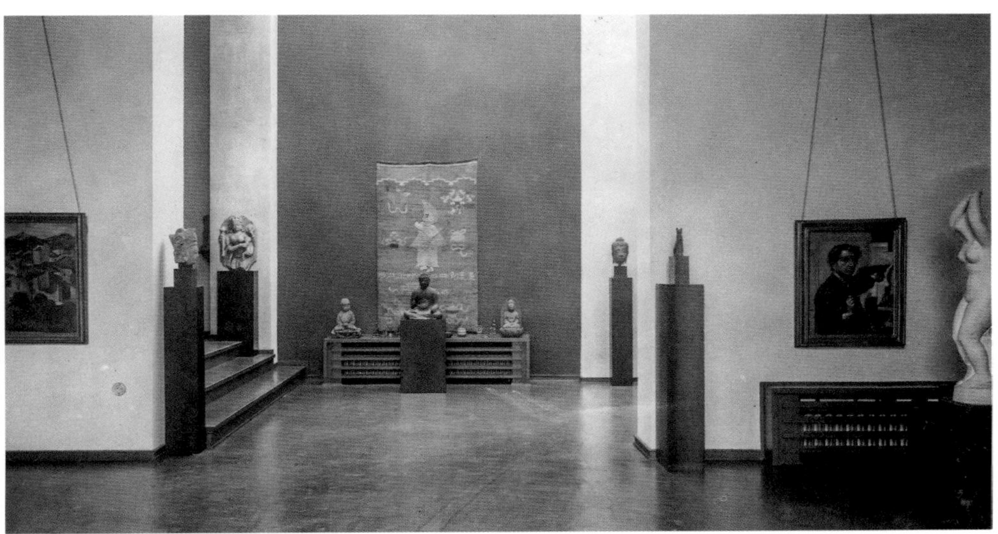

8 Museum Folkwang, Essen, Erdgeschoss, Blick in den Zweiten Saal mit Ostasiatika und Werken moderner Kunst, um 1930, Foto: Albert Renger-Patzsch

Ernst Gosebruch (1872–1953) wiedereröffnete. Waren japanische Keramiken in den ersten Jahren im Verbund der Kunstgewerbesammlung zu sehen, viele Exponate aus Hagen aber aus Platzmangel magaziniert, ermöglichte der Neubau von Edmund Körner (1874–1940) ein Umdenken in der Sammlung. Gosebruch entschied sich 1929 dazu, eine repräsentative Gruppe ostasiatischer Gefäße und Plastiken zusammen mit den Gemälden der Expressionisten auszustellen [ABB. 8]. Unter den »Wilden«, wie Franz Marc (1880–1916) die jungen deutschen Maler genannt hatte, waren die Keramiken nun *objets sauvages* und Avantgarde zugleich.

ANMERKUNGEN

1 Herta Hesse-Frielinghaus (Hrsg.), Karl Ernst Osthaus. Leben und Werk, Recklinghausen 1971, S. 192 f.

2 Für diesen und andere wertvolle Hinweise bin ich Christoph Dorsz zu Dank verpflichtet. Nach Dorsz war Osthaus im Sommer 1902 nach Dänemark gereist und hatte dort erstmals Werke von Royal Copenhagen erworben. Die Exponate für die Ausstellung im Museum Folkwang wurden erst nach dem 22.10.1902 geliefert und waren deshalb über den Oktober hinaus in Hagen zu sehen; Christoph Dorsz in einer E-Mail an die Autorin vom 20.4.2020.

3 Zu den Anfängen der Auseinandersetzung mit Japan in der Mutz-Werkstatt, insbesondere bei Richard Mutz (1872–1931), und der Rolle, die Justus Brinckmann dabei spielte, vgl. Heinz Spielmann, Wachstum und Wirkung der Hamburger Jugendstil-Sammlung, in: Räume und Meisterwerke der Jugendstil-Sammlung, Bilderhefte des Museums für Kunst und Gewerbe Hamburg, Jg. 1, Nr. 15, Hamburg 1977, S. 5–16, hier S. 11.

4 Vgl. Der Folkwang Impuls. Das Museum von 1902 bis heute, Ausst.-Kat., hrsg. von Tayfun Belgin und Christoph Dorsz, Osthaus Museum, Hagen 2012, S. 20.

5 Syrien, Fliesenpaneel, 17. Jahrhundert, 66 × 10,6 cm (inkl. Fassung), Inv.-Nr. K 465. Osthaus erstand das Stück 1899. Christoph Dorsz datiert die frühesten Erwerbungen im Bereich der Keramik auf das Jahr 1898; vgl. darüber hinaus Max Creutz, Kleinkunst und Kunstgewerbe im Folkwang, in: Die Rheinlande, Nr. 3, Januar – Juni 1905, S. 105–111, hier S. 109, sowie Kurt Freyer, Das Folkwang-Museum in Hagen i. W., 1912, in: Dokumentation zur Geschichte des Museum Folkwang 1912–1945, hrsg. vom Museum Folkwang Essen, Essen 1983, S. 9–15, hier S. 13.

6 Das schließt das oben genannte Programm an Wechselausstellungen mit ein. Wie Christoph Dorsz an anderer Stelle dargelegt hat, beeinflusste Brinckmann in ähnlicher Weise Osthaus' Auseinandersetzung mit Textilien sowie dessen Reisetätigkeit; https://www.museum-folkwang.de/fileadmin/_BE_Gruppe_Folkwang/Dokumente/texte/Sammlung/Dorsz_Textilsammlung.pdf (24.3.2020).

7 Christoph Dorsz, Das Museum als Schule des Sehens. Karl Ernst Osthaus und die Japan-Sammlung des Museum Folkwang, in: Monet, Gauguin, van Gogh .... Inspiration Japan, Ausst.-Kat., Museum Folkwang, Essen / Kunsthaus Zürich, Göttingen 2014, S. 39–45, hier S. 39. Neben der starken Präsenz des Kunstgewerbes in der Sammlung des Museum Folkwang sollte sich das Vorhaben in Teilen auch mit der Gründung des Deutschen Museums für Kunst in Handel und Gewerbe 1909 verwirklichen. Die Bedeutung der Keramik für dieses Osthaus'sche Museum bedarf einer separaten Analyse.

8 Der Einfluss, den diese Überblicksdarstellung auf die Sammlung des Museum Folkwang hatte, muss noch näher untersucht werden, aber schon die Inhaltsverzeichnisse der beiden Bände spiegeln die Struktur der heute noch in Essen verwahrten kunsthandwerklichen Objekte wider.

9 Japan-Handbuch. Land und Leute, Kultur- und Geistesleben, hrsg. von Horst Hammitzsch, 3. Auflage, Stuttgart 1990, S. 827.

10 Dorsz 2014, S. 39 f.

11 Erste japanische Objekte hatte er bereits aus dem Dublettenbestand des Museums für Kunst und Gewerbe in Hamburg erhalten, darunter befanden sich allerdings keine Keramiken; ebenda.

12 Philippe Burty, La poterie et la porcelaine au Japon. Première conference, 18.10.1884, in: Revue des arts décoratifs, Jg. 5, Nr. VII, 1884/85, S. 385–398, hier S. 386.

13 Ebenda.
14 Deutlich bei Augustus Wollaston Franks, Japanese Pottery: Being a Native Report with an Introduction and a Catalogue, London 1880, S. 8 f. Vgl. dazu den Aufsatz von Gisela Jahn in diesem Band.
15 Justus Brinckmann, Ein Beitrag zur Kenntnis des japanischen Kunsthandwerks (Fernschau. Jahrbuch der Mittelschweizerischen Geographisch-Kommerziellen Gesellschaft, Bd. 5), Aarau 1892, S. 14.
16 Dorsz 2014, S. 40.
17 Claire Guitton, »Neue Horizonte und Freiheiten entdecken« – *Japonisme* und die angewandte Kunst in Frankreich, in: Monet, Gauguin, van Gogh …. Inspiration Japan, Ausst.-Kat., Museum Folkwang, Essen / Kunsthaus Zürich, Göttingen 2014, S. 79–85, hier S. 79.
18 Dorsz 2014, S. 40. Paechter war zu dieser Zeit bereits verstorben, weshalb Osthaus wohl nach neuen Bezugsquellen suchte.
19 Vgl. Gertrud Osthaus, Das Museum Folkwang in Hagen, 1913, in: Der Folkwang Impuls. Das Museum von 1902 bis heute, Ausst.-Kat., hrsg. von Tayfun Belgin und Christoph Dorsz, Osthaus Museum, Hagen 2012, S. 130 f., hier S. 131.
20 Vgl. Bilddatei Nr. mi04627e02 aus dem Archiv von Franz Stoedtner (1870–1946), die nach den Ankaufsunterlagen des Stückes um 1909 oder später zu datieren ist, sowie die Aufnahme der gleichen Werkgruppe um 1916 von Paula Deetjen (1879–1949), Nr. 617.657, beide im Bildarchiv Foto Marburg. Die drei erwähnten *Chawan* tragen die Inv.-Nr. K 248, K 247 und K 251.
21 Ich danke Günter Figal und Shoko Ishioka für ihre Hinweise.
22 Henry van de Velde, Das Museum »Folkwang« in Hagen, in: Innendekoration, Jg. 13, November 1902, S. 273–277, hier S. 274.
23 Hans Rosenhagen, »Folkwang«. Museum für Kunst und Wissenschaft in Hagen I. W., in: Dekorative Kunst, Nr. 11, 1903, S. 1–19, hier S. 6.
24 Vgl. die Installationsansichten ebenda, S. 11.
25 Norbert Jacques, Der Folkwang, in: Hamburger Zeitung, Jg. 11, Nr. 531, 12.11.1906, o. S.
26 Vgl. insbesondere die undatierte Bilddatei Nr. fm1069825 mit Nr. fm615255 aus dem Jahr 1915 im Bildarchiv Foto Marburg [Abb. 4], darüber hinaus auch Freyer 1912/1983, S. 10 und Osthaus 1913/2012, S. 131.
27 Karl Ernst Osthaus, [Beschreibung des Museum Folkwang für einen geplanten Baedeker-Reiseführer], um 1913, in: Dokumentation zur Geschichte des Museum Folkwang 1912–1945, hrsg. vom Museum Folkwang Essen, Essen 1983, S. 15 f., hier S. 16. Siams Grenzen fluktuierten über Jahrhunderte und erst im Zuge der Kolonialisierung erhielt das Königreich einen *geo-body*. Im 19. Jahrhundert reichte das Einflussgebiet des Königreichs von den heutigen Staatsgebieten Thailands, Kambodschas und Laos' nach Malaysia, Myanmar und Vietnam. 1909 – damit mehrere Jahre vor Osthaus' Text – nahm das Land durch erzwungene Abtretungen an Großbritannien und Frankreich die Grenzen des heutigen Thailands an.
28 Freyer 1912/1983, S. 13 und Osthaus 1913/2012, S. 131.
29 Hesse-Frielinghaus 1971, S. 213.
30 Rainer Stamm, Weltkunst und Moderne, in: »Das schönste Museum der Welt«. Museum Folkwang bis 1933. Essays zur Geschichte des Museum Folkwang (Folkwang Texte, Bd. 1), Göttingen 2010, S. 27–46, hier S. 30 ff.
31 Eine Anspielung auf die erste Präsentation von *Chawan* auf der Weltausstellung von 1878?
32 Freyer 1912/1983, S. 13.
33 Weijia Li, Zwischen Romantik und Orientalismus. Ostasiatische Kunstgeschichte in der Weimarer Republik am Beispiel von Karl With und Alfred Salmony, in: German Studies Review, Jg. 38, Nr. 3, Oktober 2015, S. 531–554, hier S. 533 ff.
34 Suzanne Marchand, Popularizing The Orient in *Fin de Siècle* Germany, in: Intellectual History Review, Jg. 17, Nr. 2, 2007, S. 175–202, https://doi.org/10.1080/17496970701383670 (8.3.2020), hier S. 199 f.
35 http://www.osthausmuseum.de/web/media/files/keom/museum/lebenslauf_osthaus.pdf (8.3.2020).
36 With hatte während des Studiums bereits im Museum Folkwang hospitiert; Dorsz 2014, S. 41. Er sollte Kustos des Museums für Ostasiatische Kunst in Köln werden. Bei Li 2015 wird dieses Kapitel im Leben von With ausgespart.
37 Marchand 2007, S. 180.
38 Kurt Freyer betonte dies 1912 mit Bezug auf das neue Betätigungsfeld des Museum Folkwang, der Buddhismuskunde; Freyer 1912/1983, S. 13; vgl. Marchand 2007, S. 190 f.
39 Ebenda, S. 189.

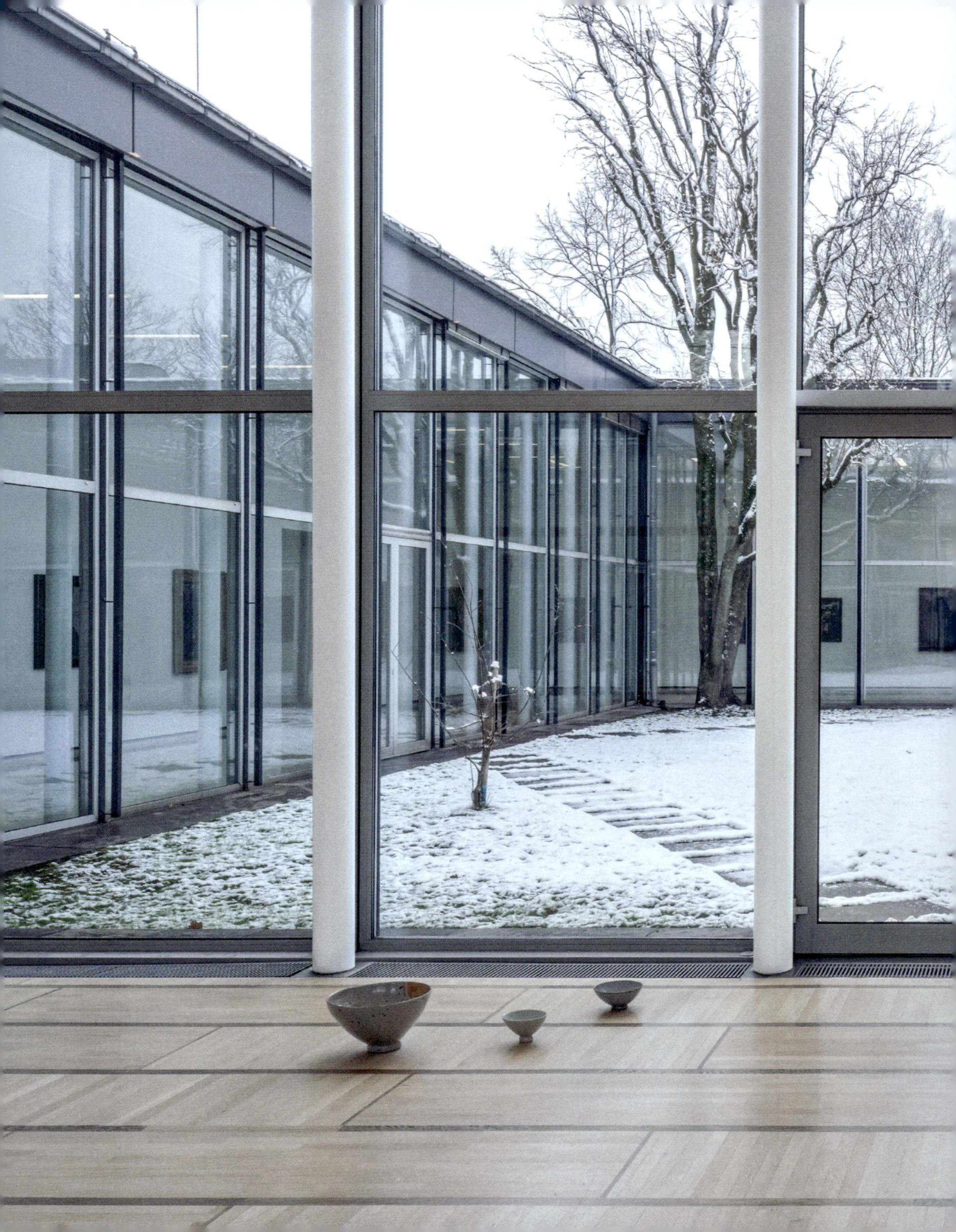

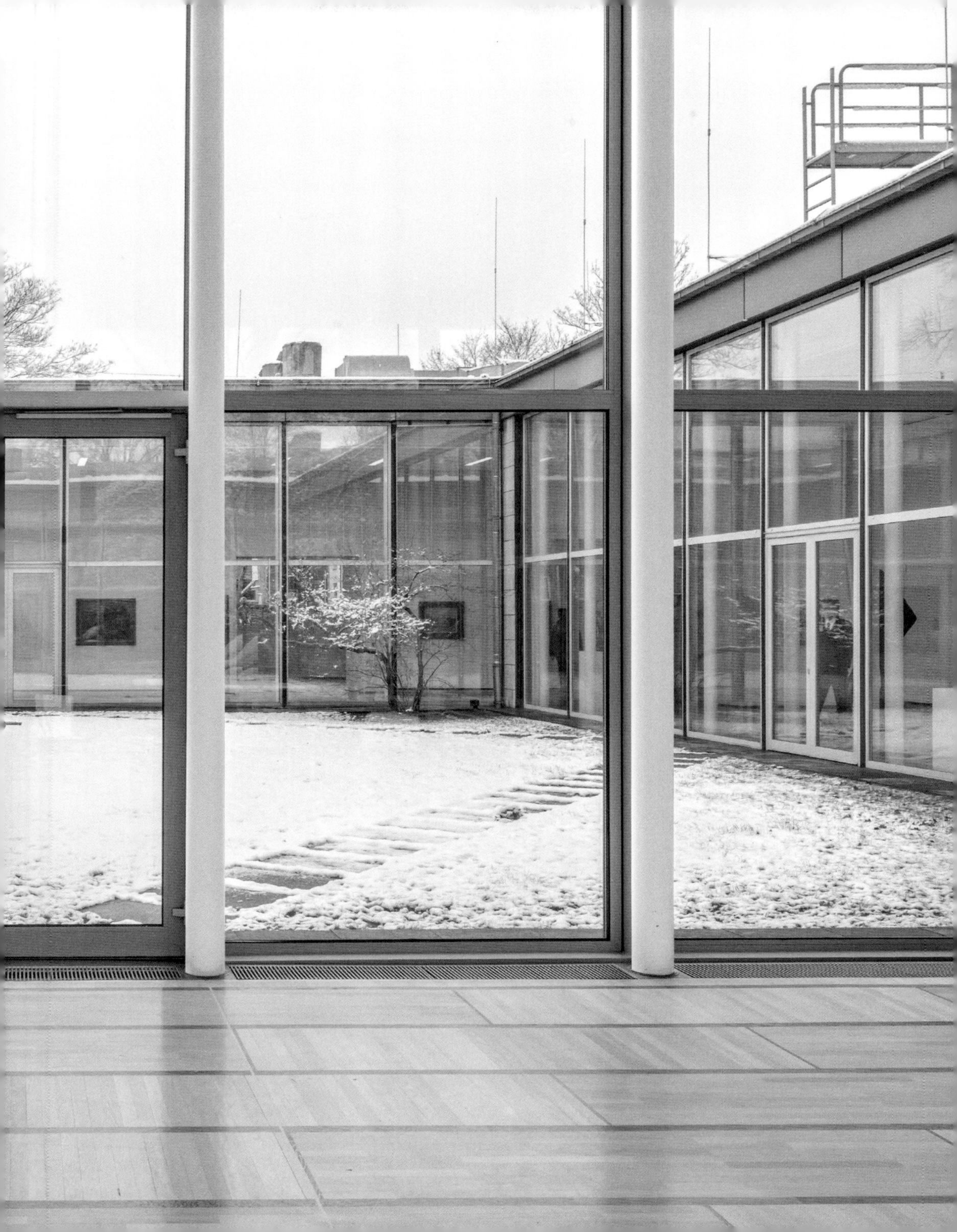

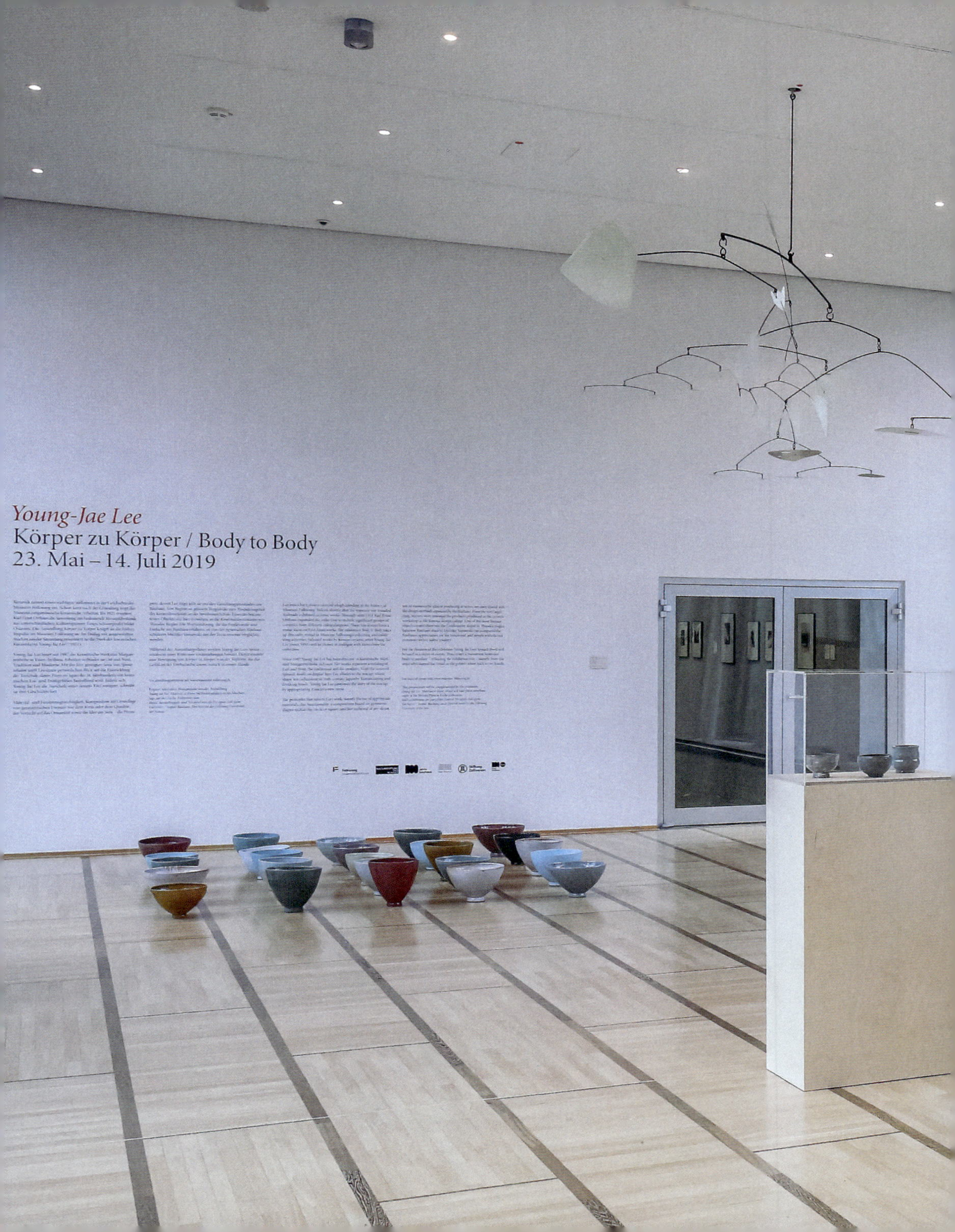
Young-Jae Lee
Körper zu Körper / Body to Body
23. Mai – 14. Juli 2019

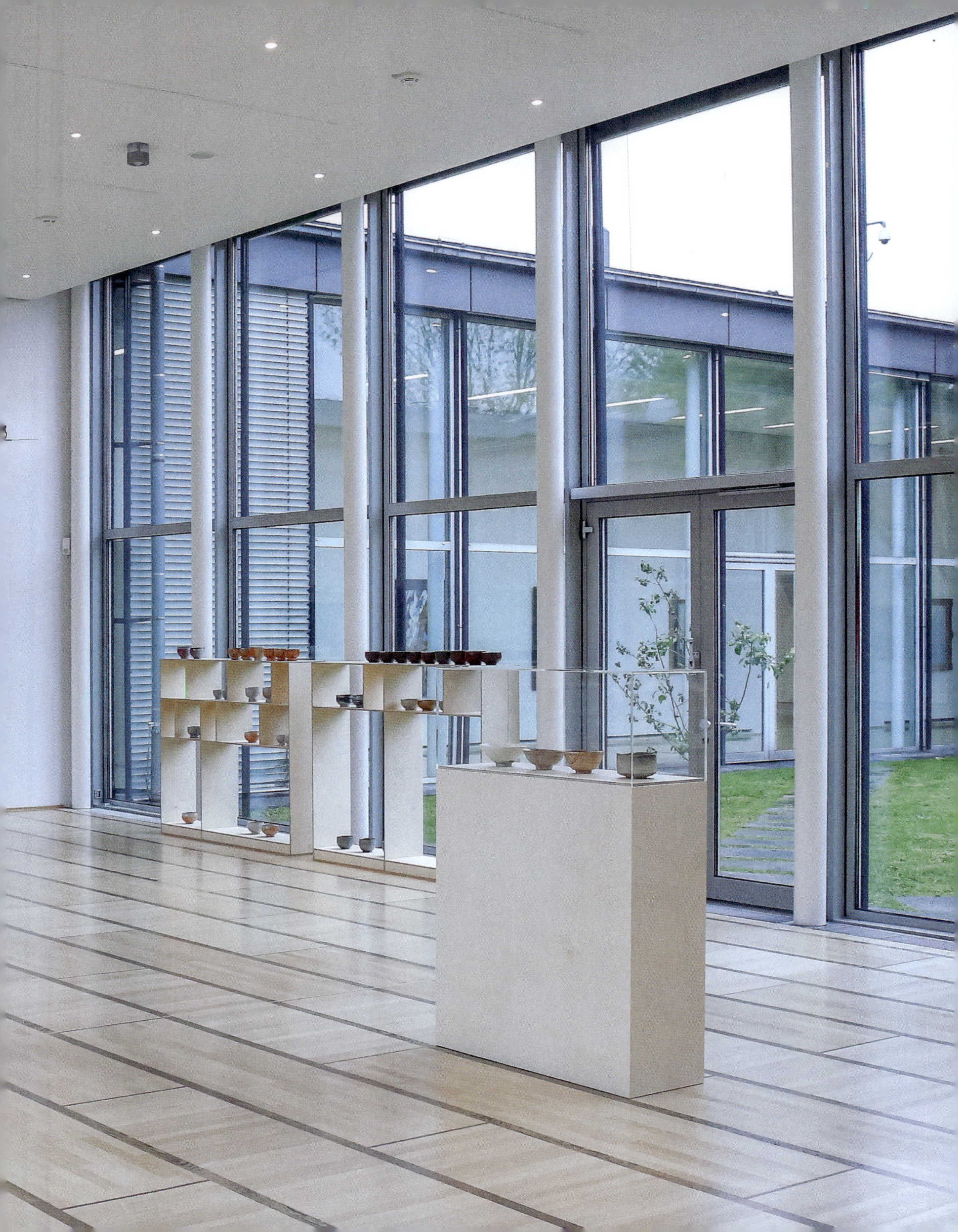

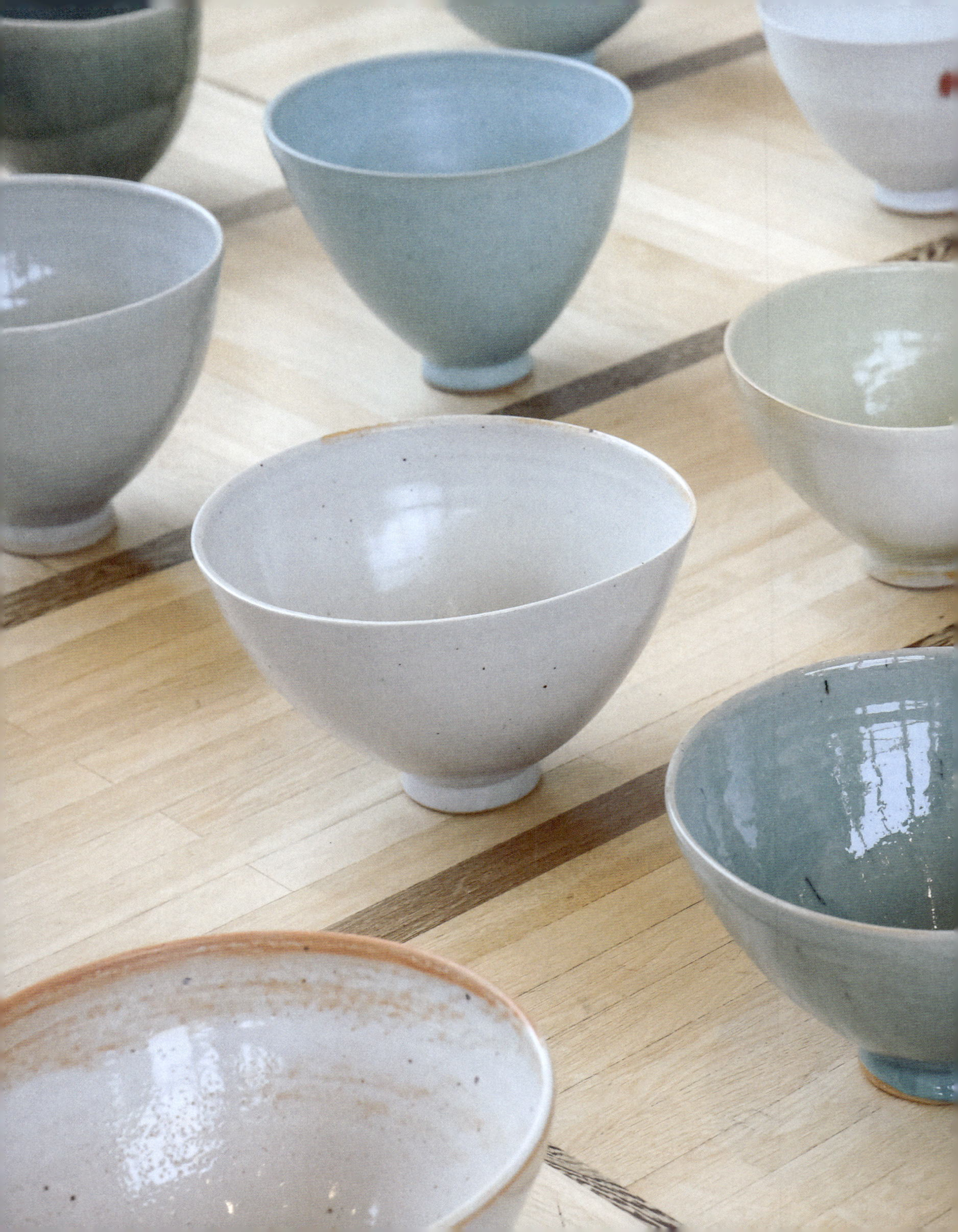

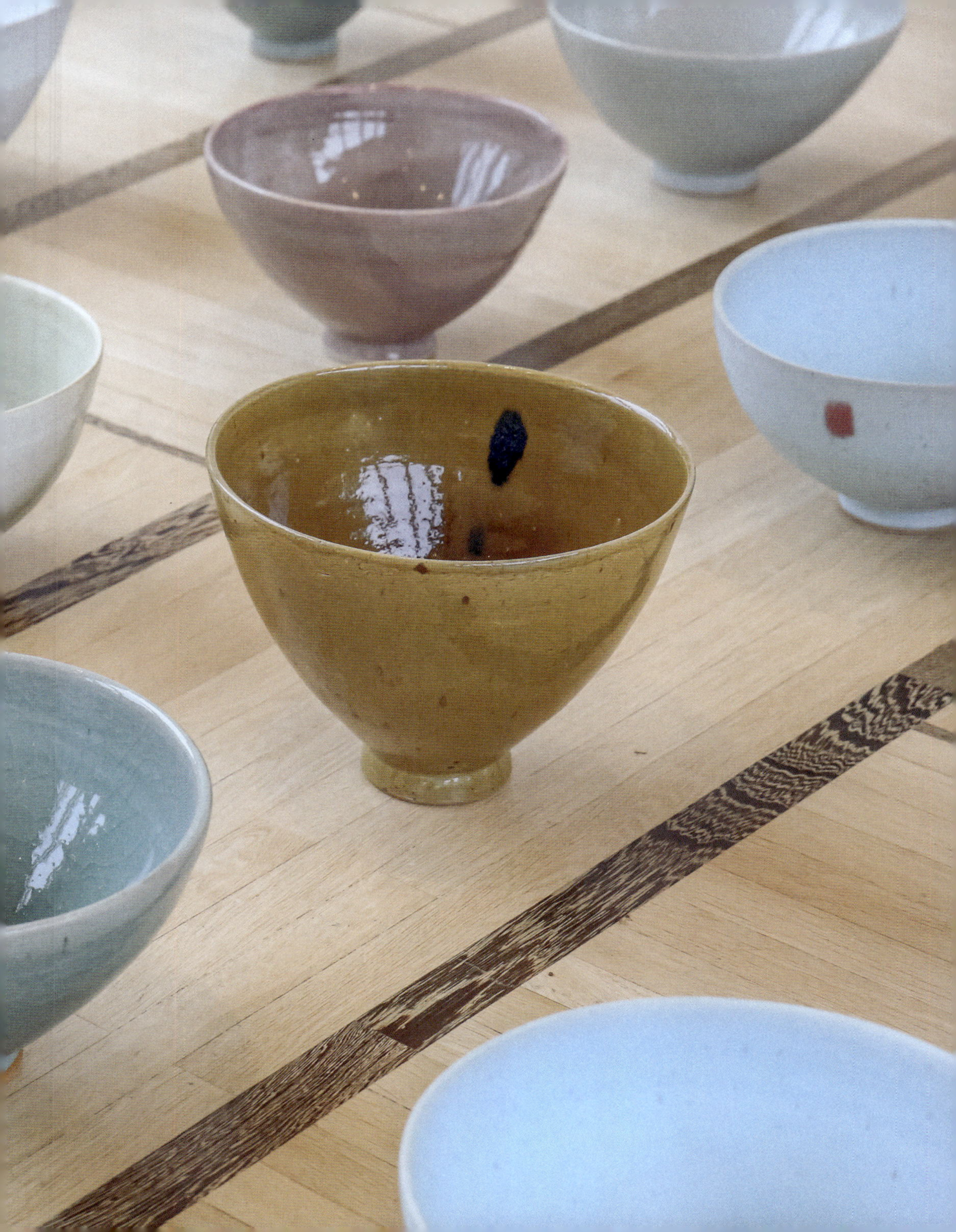

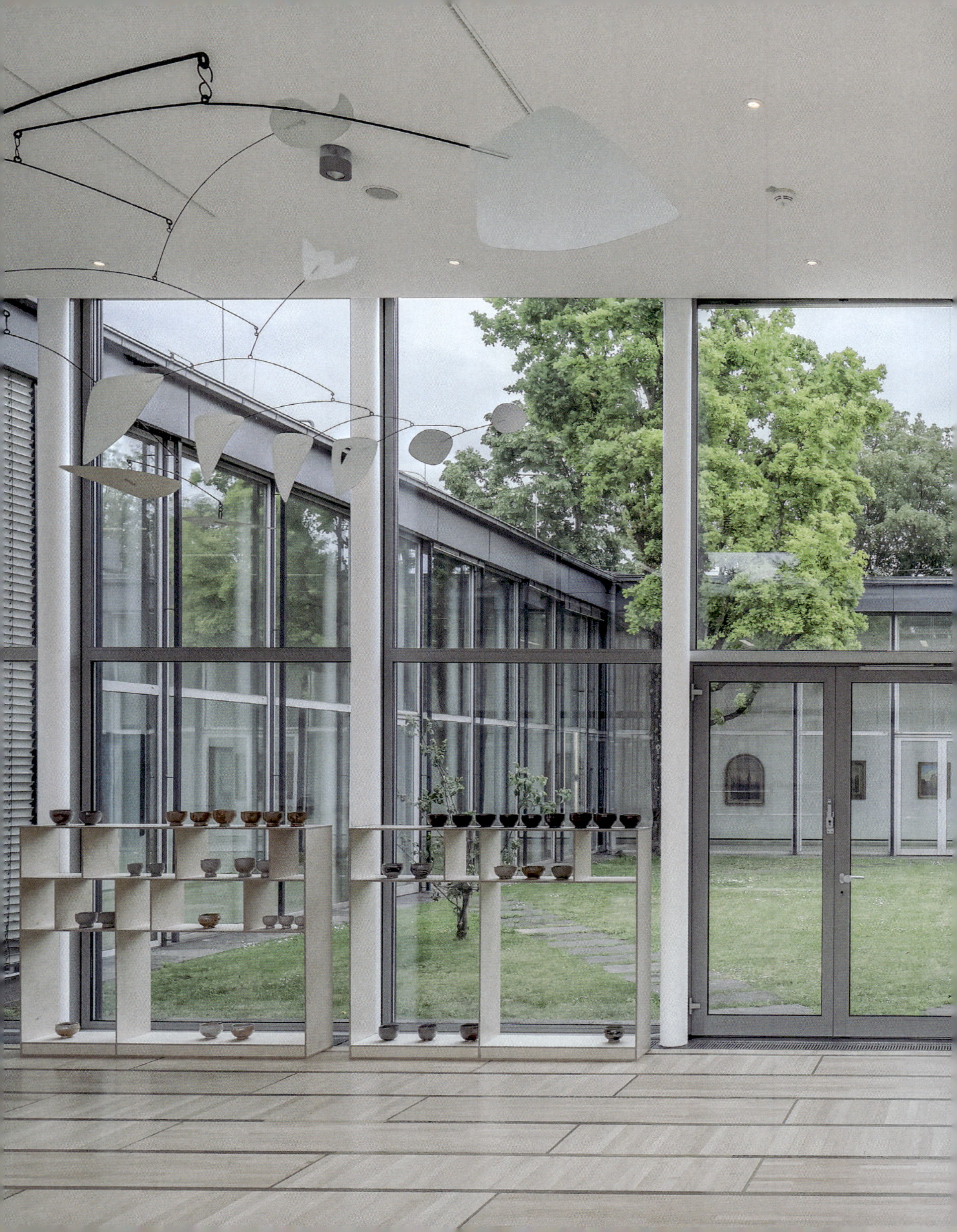

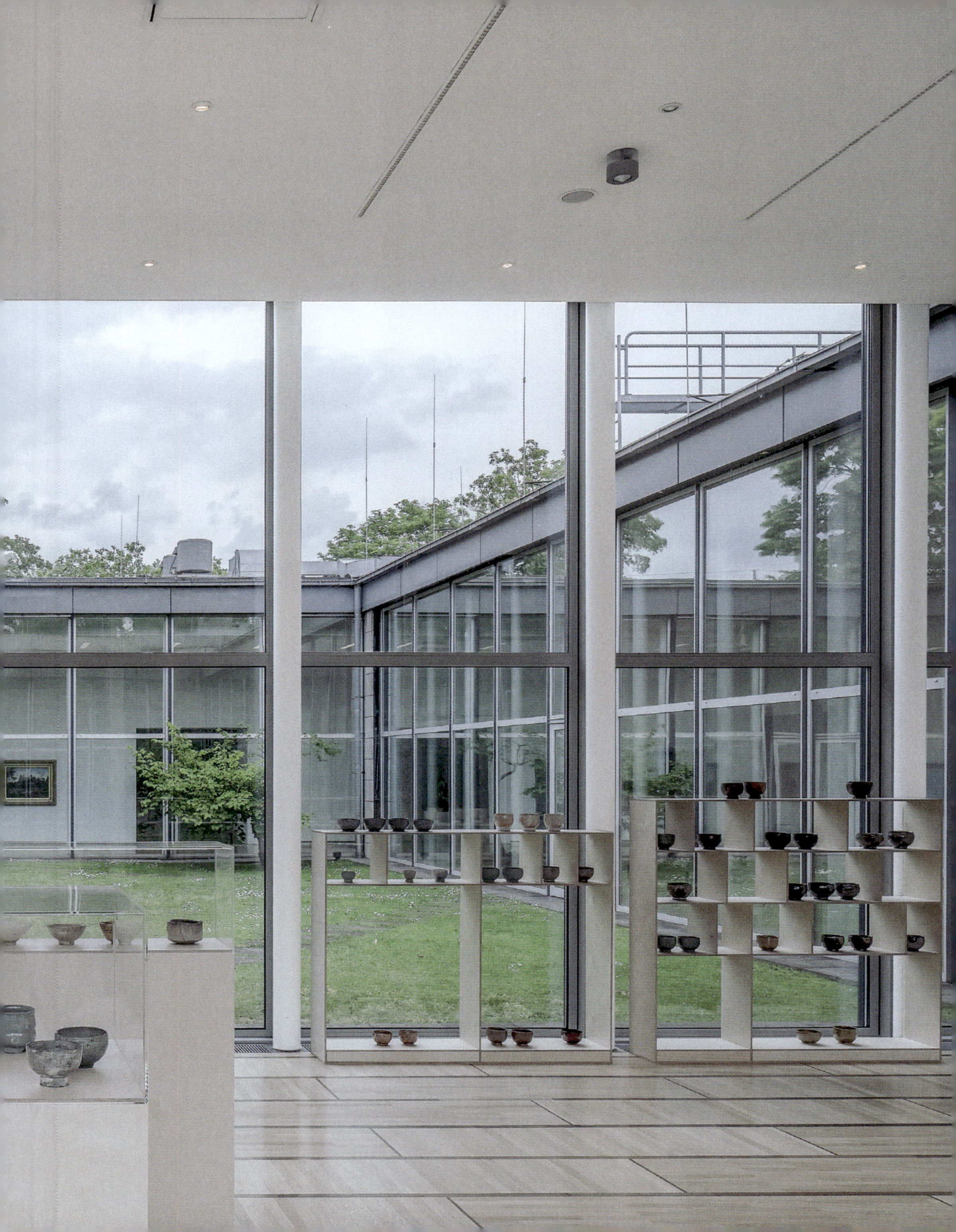

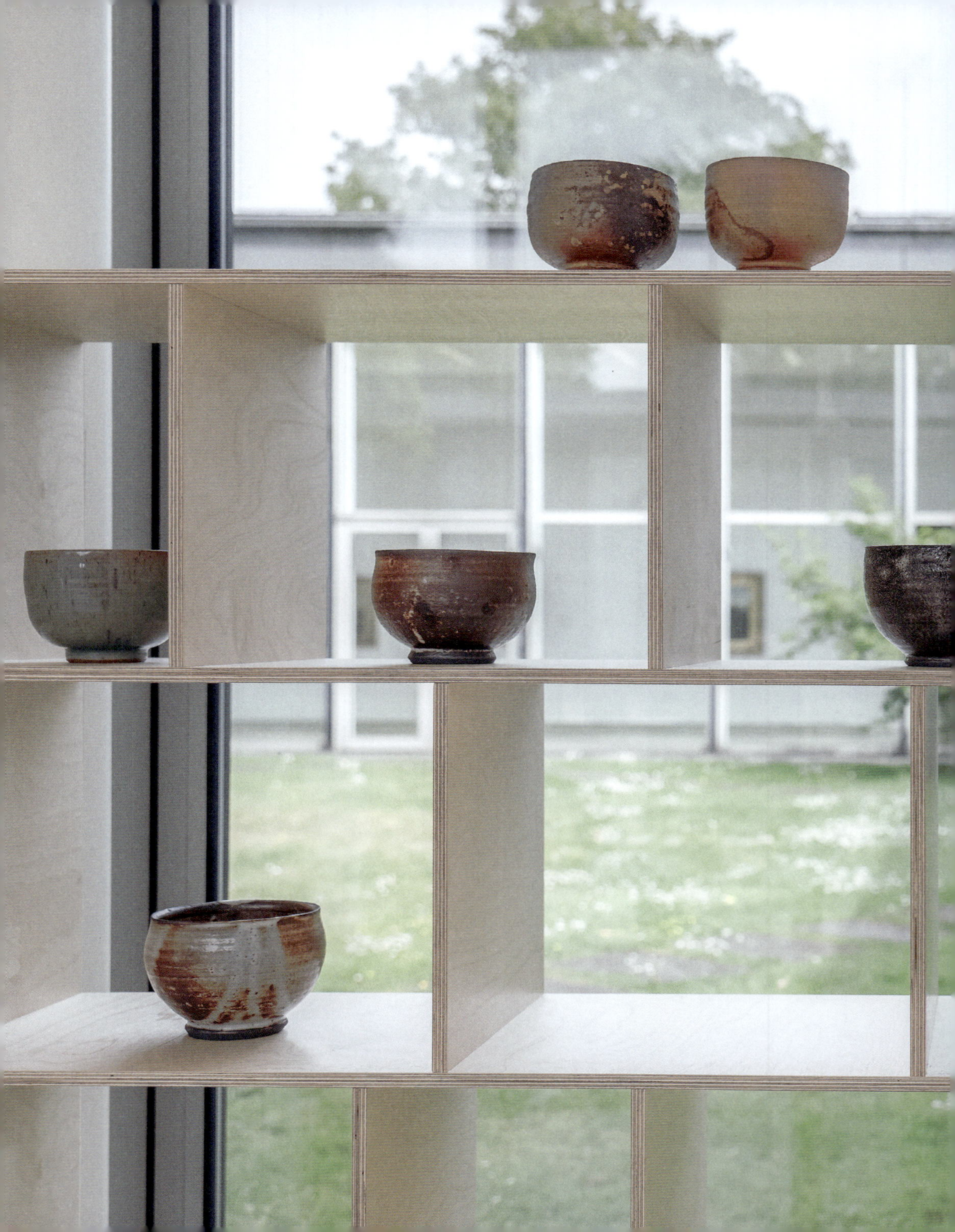

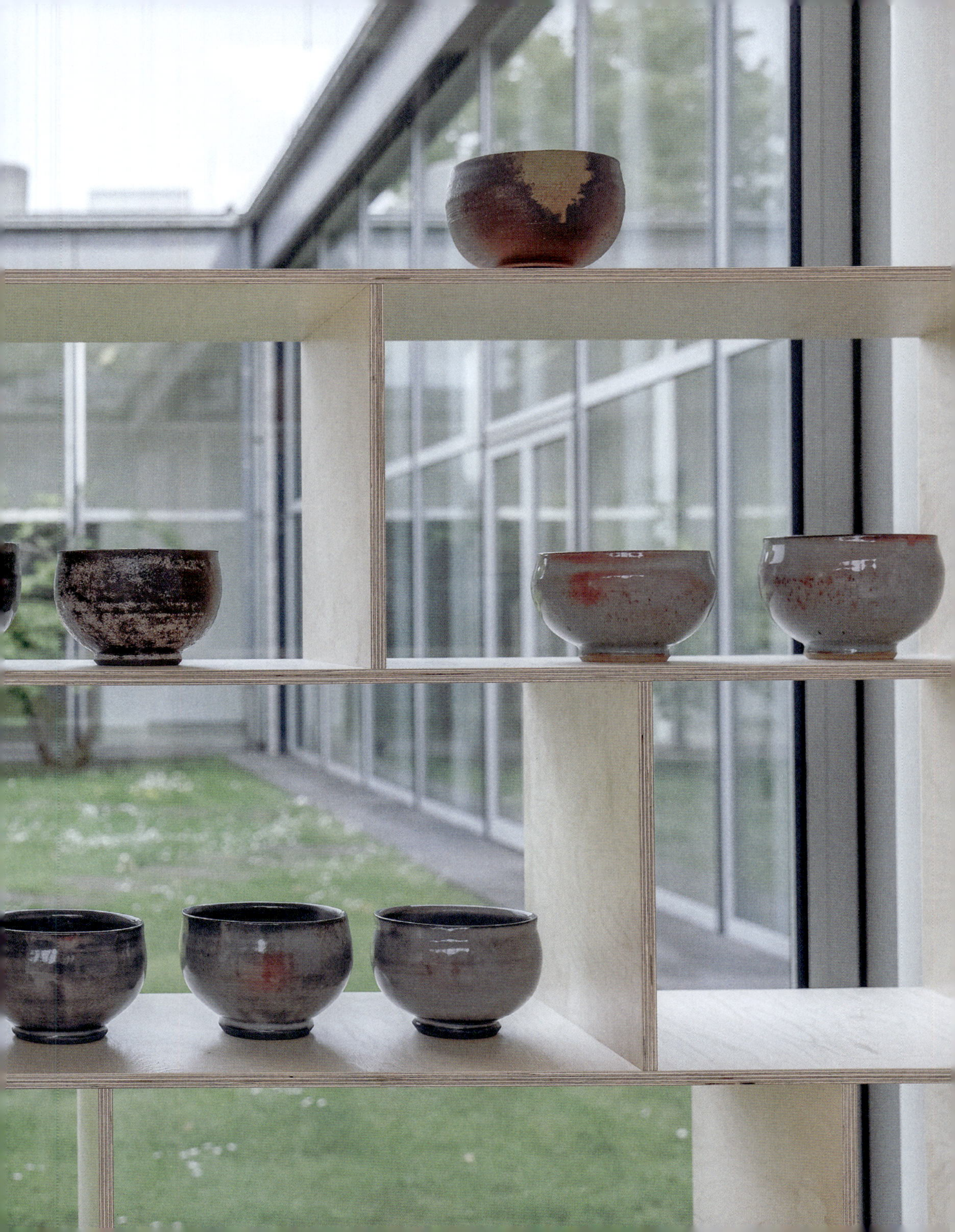

Gisela Jahn

DAS IST EINE *SPINATSCHALE*

»Eine *Spinatschale*? Ja. Das Gegenstück einer Teeschale? Nein. Eine Essschale? Wenn Du so willst. Eine Trinkschale? Auch. Also ganz einfach eine Schale? In der Tat. Doch wohl nicht wirklich nur für Spinat? Nein.«

So könnte ein Nachfragen oder ein Gedankengang verlaufen, wenn man sich mit dem Titel dieser Werkgruppe in Young-Jae Lees Œuvre zurechtfinden will. Das Staunen ob dieses Namens war und ist groß.

Young-Jae Lees Schalen sind wiederholt voller Begeisterung ob ihrer Schönheit gedeutet worden: die einzelne grazile und doch feste Schale; der fast tanzende Reigen eines Ensembles von 111 Schalen. Die Schale, dieses einfache Ding, das sich die Menschheit als Urbehältnis – möglicherweise abgeleitet von den beiden gewölbten Händen – geschaffen hat und das auch heute noch ganz elementar für das tägliche Essen und zum Aufbewahren dient; die Schale, bestimmt für das Aufnehmen und Leeren und deshalb auch verwendet im Kult zum Darreichen der Opfer, ja, als Gefäß des Göttlichen. Befördert durch das Ritual und seine Feierlichkeit keimte ein ästhetischer Anspruch auf. Schönheit wurde erstrebenswert – bei denjenigen, die Schalen formen, ebenso wie bei denen, die sie verwenden. Heute, ferner Nachhall von Kult und Feierlichkeit, ist uns eines in unserem profanen Leben wichtig: die Schönheit der Dinge.

Die *Spinatschale*, wie passt sie in die Beschreibungen der Schale als Symbol, wie in Young-Jae Lees Werk? Ist sie ein Kuriosum? Gab es einen unerwarteten Moment, der ein neues Herangehen an das Prinzip Schale nach sich zog? Einfach ist es mit der *Spinatschale* nicht. Sie hat eine problembeladene, verstrickte koreanisch-japanisch-deutsche Entstehungsgeschichte. Diese werden wir erkunden und dabei etwas über Young-Jae Lees Befinden in der abendländischen und koreanischen Kultur erfahren, über die koreanische Schale und die japanische Teeschale, über Schönheit und Teetrinken in Korea, über Young-Jae Lees Suche nach der koreanischen Teeschale und schließlich über die *Spinatschale* selbst. Dabei führen uns die Betrachtungen immer wieder von der *Spinatschale* weg, um erneut zu ihr zurückzukehren.

DIE WAHRNEHMUNG KOREANISCHER KUNST IN DEUTSCHLAND

China, Korea, Japan: Es besteht eine jahrhundertealte Spannung in diesem Beziehungsfeld der fernöstlichen Kulturgeschichte. Koreas Kunst, die sich in diesem Geflecht eigenständig entfaltete, führte bislang ein Nischendasein in der Rezeption des Westens. Korea war ein Randgebiet am Institut für Kunstgeschichte Ostasiens in Heidelberg, wo sich die junge Koreanerin Young-Jae Lee eingeschrieben und 1978 ihre Werkstatt eröffnet hatte. Zwar las und veröffentlichte Dietrich Seckel in Heidelberg über koreanische Kunst, doch konnte er sich damals nicht auf neue Forschungsberichte in koreanischer Sprache beziehen. Korea wurde – so empfand es Young-Jae Lee während ihrer frühen Jahre in Deutschland, sowohl als Keramikerin als auch in ihrem täglichen Leben – von vielen der Dritten Welt zugerechnet. Koreas Kunst war in deutschen Museen nicht reich vertreten, auch wenn im Ostasiatischen Museum in Köln eine Sammlung von koreanischer Keramik bewundert werden konnte. Erst in den Jahren 1999 und 2005 machten zwei große Ausstellungen in Essen und München sowie in Frankfurt die koreanische Kunst einem breiten deutschen Publikum bekannt. Der Nationen und Kulturepochen übergreifende Konflikt einer nicht genügend wahrgenommenen kulturellen Identität Koreas ebenso wie die in ihrer Kindheit noch nachwirkende Erfahrung des japanischen Kolonialismus beeinflussten Young-Jae Lees Suche nach ihrer künstlerischen Position in Deutschland. Ihr umfassendes Verständnis der abendländischen Kultur, dem gegenüber der Mangel an Wissen über ihre Kultur in Deutschland und zugleich das erstarkte kulturelle Selbstbewusstsein in Korea forderten Young-Jae Lee zur Rechtfertigung heraus.

DIE SCHALE ALLER SCHALEN – EIN BLICK AUF DIE GENESE DER JAPANISCHEN TEESCHALE

Die chinesischen Schalen von der Tang- bis zur Song- und Yuan-Dynastie (618–907, 960–1279, 1291–1368), insbesondere die *Tenmoku*-Teeschalen aus Jian, und – sofern wir koreanische Stücke kennen – die Seladon-Schalen aus der koreanischen Goryeo-Dynastie (918–1392) erscheinen vor unseren Augen. Sie sind von klassischer Schönheit. Jedoch: Wo wird die Schale als ästhetischer Kultgegenstand mehr gefeiert und ehrfurchtsvoller rezipiert als in der japanischen Teezeremonie? Teeschalen haben in Japan eine lange und wechselhafte Geschichte. Die Teeschalen, die bei den glanzvollen Teeversammlungen am Hof der Ashikaga-Fürsten im 15. und 16. Jahrhundert verwendet wurden, waren hauptsächlich chinesischer Herkunft. Insbesondere wurden die braun-schwarzen sogenannten *Tenmoku*-Schalen aus den Chizhou- und Jizhou-Öfen geschätzt und sogar im 16. und 17. Jahrhundert in den Öfen von Seto, einem Zentrum der japanischen Keramik, kopiert. An der Wende zum 16. Jahrhundert entwickelten die Teemeister Murata Jukō (1423–1502) und Takeno Jō-ō (1502–1555) die japanische Form des Teetrinkens: *Chanoyu*, im Deutschen als Teezeremonie bezeichnet.[1] Der Teemeister Sen no Rikyū (1522–1591) vollendete schließlich *Chanoyu* in der zen-buddhistisch geprägten *Wabi-Sabi*-Ästhetik, was hinsichtlich Keramik auf wenige Schlagwörter reduziert bedeutet, das Edle im einfachen Gegenstand, die einfache, natürliche Materialschönheit und den Reiz der nicht »gewollten« Gestaltung zu entdecken. Oft waren es »gefundene« Schalen und Gefäße, das heißt ländliche Produktionen, die ohne Berufung zu etwas Besonderem wie der Verwendung als Tee-Utensil hergestellt worden waren, nun aber als solche verwendet wurden. Zu gleicher Zeit kamen koreanische Keramikschalen ins Spiel. Dieser Tee-Stil verbreitete sich in der aufstrebenden kulturbewussten Kaufmannsschicht. Nachfolgende Teemeister wie Furuta Oribe (1544–1615) und Kobori Enshū (1579–1647) gaben den Teeveranstaltungen wieder eine elegantere Form. Ende des 19. Jahrhunderts jedoch fehlte es der Teezeremonie an ästhetischer und ethischer Stringenz. Erst der wiedererwachende Kulturstolz und die Anmahnung einer ethischen (konfuzianischen) Gesinnung im Dienste der Nation in den 1920er-Jahren führten zu einer Überwindung der Stagnation. Im Aufwind nationalistischer Politik und kunstgeschichtlicher Deutungen erhob sich die alte – neue – Tradition der Teezeremonie als unverwechselbare, einzigartige japanische Kunstform wie der Phönix aus der Asche. Dabei gewann die zen-buddhistische Interpretation im Verhältnis zu ebenso vorhandenen konfuzianischen und schintoistischen Elementen eindeutig die Oberhand. Den Koreanern, die von 1910 bis 1945 dem Japanischen Kaiserreich einverleibt waren und kulturell missioniert wurden, wurde die Teezeremonie als Ausdruck kultureller Vollendung aufgenötigt. Der Westen verinnerlichte sie bewundernd als große japanische Kulturform.

Diese Historie verlangt einen genaueren Blick auf die Genese der japanischen Teeschalen. Noch immer hält sich die Deutung, es seien die damaligen japanischen Teemeister und Teeliebhaber gewesen, die in koreanischen Keramikwaren ultimative Schönheit fanden: schnell und sorglos gedrehte und glasierte Schalen – Reisschalen, Suppenschalen. Bald galt die Schönheit dieser Schalen als Nonplusultra. Einer der angesehensten Spezialisten japanischer Teekeramik, Hayashiya Seizō, formulierte noch 1975, dass die Japaner diese Schönheit tiefer verstanden hätten als die Koreaner selbst. Für diese mag es sich befremdlich anhören, wenn hier in Fortsetzung kolonialen Selbstbewusstseins ein für das koreanische Kulturverständnis unzutreffendes japanisches Schönheitsideal behauptet wird.

Losgelöst von solchen kolonialistischen Beurteilungen bleibt die Feststellung, dass jene schlichten koreanischen Schalen als Vorbilder vieler japanischer Teeschalen dienten. Für die Verankerung dieser Formen, Glasuren und Dekore in der japanischen Keramik sollten nicht zuletzt die während der verheerenden Korea-Kriegszüge des japanischen Feldherrn Toyotomi Hideyoshi 1592 und 1598 nach Japan verschleppten koreanischen Töpfer sorgen. Die japanischen Territorialfürsten wussten, welche Schätze sie mitgebracht hatten. Die japanische Kunstform des Teetrinkens, begleitet von der *Wabi*-Ästhetik und der koreanischen Schale, bewirkte in der Momoyama- und frühen Edo-Zeit (1573–1615; 1615–1868) eine Blüte der japanischen Teekeramik aus den seit Jahrhunderten bestehenden Töpfereien wie Hagi, Karatsu, Takatori und Agano, Bizen, Shigaraki, Seto sowie Mino und führte schließlich zu einem Kult um die Teeschale, der ehrfürchtige Bewunderung diktierte. Seit Jahrhunderten werden Teeschalen und Teedosen – von kostbaren Stoffbeuteln umhüllt, mit Zertifikaten von Teemeistern und Teeliebhabern versehen, in speziellen Holzkästen verwahrt und mit poetischen Namen bedacht – als Objekte einer kulturellen Tradition verherrlicht. Ungeachtet ihrer chinesischen oder koreanischen Herkunft zählen viele Stücke zum bedeutenden japanischen Kulturgut, zum Beispiel die sogenannte Kizaemon-Schale, die vielleicht am meisten bewunderte Ido-Teeschale – ursprünglich eine koreanische Essschale. Als Yanagi Sōetsu (1889–1961), der Begründer der *Mingei*-Philosophie und -Bewegung, diese Schale sah, war er verblüfft. Eine derart unprätentiöse Schönheit hatte er nicht erwartet. Er lobte zwar die Teemeister, die diese schon Jahrhunderte vor ihm erkannt hatten. Aber als Bewunderer der koreanischen Keramik während der Okkupation gab Yanagi nun doch den Töpfern die Ehre zurück: Hätten diese damals die Interpretationen der japanischen Teemeister gehört, sie hätten darüber gelacht. Eben gerade dieses Lachen-Können, ihre Unmittelbarkeit habe es den koreanischen Töpfern ermöglicht, solche Schalen herzustellen: »Die Koreaner machten Reisschalen; die japanischen Meister machten aus ihnen Teeschalen.« Im Gegensatz zu vielen seiner Zeitgenossen war Yanagi immerhin bemüht, darin eine Art von Kulturaustausch anzuerkennen.[2]

Die koreanische Suppenschale oder Reisschale: Überfrachtet vom Tee-Ästhetizismus hat sie ihre Unschuld verloren und wurde zur japanischen Teeschale. Wir kommen der *Spinatschale* ein wenig näher.

Was haben die japanischen Wertevorstellungen bezüglich der Teeschalen mit den *Spinatschalen* von Young-Jae Lee zu tun? Zwei Aspekte, das Verhältnis Korea-Japan und die Japanrezeption in Deutschland, sind hier von Bedeutung. Das Spannungsverhältnis zwischen Japan und Korea beeinträchtigte Koreas kulturelle und politische Bereiche über Jahrhunderte. Dazu gehören sowohl die Vereinnahmung der Suppen- oder Essschale als Teeschale als auch die verheerende Verwüstung der koreanischen Halbinsel durch die japanischen Invasionen Ende des 16. Jahrhunderts und die Repressionen der japanischen Okkupation in der ersten Hälfte des 20. Jahrhunderts. In beidem waren die Koreaner die Verlierer. Es sei aber angemerkt, dass Young-Jae Lee heute, in einer versöhnlicheren oder vielleicht auch objektiveren Beurteilung als früher, die Opferrolle nicht so ganz stehen lassen will. Die Koreaner hätten auf die Eingriffe der Japaner in die koreanische Keramikkultur im ausgehenden 16. Jahrhundert auch eine Antwort gegeben. Damals hätten, so Young-Jae Lee, koreanische Keramiker begonnen, diese Essschalen als Teeschalen für den japanischen Markt zu produzieren, und so über den Umweg der japanischen Rezeption die Keramikkultur erhalten bzw. eine neue, großartige Keramik- und Porzellankultur entwickelt (dabei löste man sich im Übrigen auch von chinesischen Vorbildern). Auch die Okkupation von 1911 bis 1945, während der die Gebrüder Noritaka und Takumi Asakawa sowie Yanagi Sōetsu auf die Schönheit der koreanischen Kunst, insbesondere auf die Keramik der Joseon-Zeit hinwiesen,[3] habe schließlich zu einer Renaissance geführt. Nach dem Ende der Bevormundung durch Japan 1945 und schließlich nach dem Korea-Krieg habe man in Korea begonnen, sich forschend und gestaltend der eigenen Keramikkultur zu widmen. Dies geschah mit deutlicher Orientierung an Japan, zum Beispiel wurden die Verordnungen zur »Bewahrung bedeutenden Kulturguts« und die »Ernennung lebender Staatsschätze« (auch für Keramik) übernommen. Darüber hinaus wurden auf dem Gebiet der Künste alte Traditionen wieder aufgenommen und dabei erneuert – wie es in Japan in den 1950er-Jahren ebenso geschah. Korea hat heute eine traditionelle und eine starke moderne Keramikszene – und Korea und Japan sind kulturell weiterhin in einem vielschichtigen System von Geben und Nehmen verflochten.

Der andere für die *Spinatschalen* wesentliche Aspekt ist die westliche Japanrezeption, die Young-Jae Lee als problematisch empfindet: In der zweiten Hälfte des 20. Jahrhunderts griff die Faszination für die Zen-Philosophie um sich und bei Kennern auch jene für die japanische (Tee-)Keramik. Zudem war die Rezeption des japanischen Kunsthandwerks beeinflusst von *Mingei*-Wertvorstellungen, die von Yanagi Sōetsus Mitstreiter, dem Töpfer Bernard Leach, auch im Westen verbreitet wurden.

Zu lesen und zu hören war in Deutschland viel über Zen in der Kunst bzw. im Kunsthandwerk. Keramiken – besonders Schalen – wurden (und werden) Zen-Merkmale und *Wabi-Sabi*-Qualitäten zugeschrieben und deshalb war (und ist) die Vorstellung weit verbreitet, japanische Keramiker seien in ihrer Arbeit von Zen-Prinzipien geleitet. Doch dies stimmt nur in äußerst begrenztem Maße. Die Einfachheit, das Reduzierte, die Strenge wurde (und wird) von einem Japan-begeisterten Publikum in oberflächlicher Weise gerne als *die* japanische Ästhetik definiert. Vielleicht ließe sich vom vermeintlichen Zen-Geist, dem Ideal des Einfältigen, oder verständlicher, des ambitionsfreien Schaffens, vielleicht auch von der nicht nach Kunst strebenden Natürlichkeit des *Mingei*, ebenso in den Schalen hiesiger Keramiker etwas finden, insbesondere in jenen Teeschalen, die nach japanischem Vorbild nun auch hier produziert wurden. Und sicherlich auch in den Schalen von Young-Jae Lee. Schließlich gibt es Zen-Buddhismus auch in Korea. Aber Korea war während der Herrschaft der Joseon-Dynastie (1392–1910) über mehr als 500 Jahre konfuzianistisch geprägt – eine Prägung, die sich trotz der Wiedererstarkung des Buddhismus und der Missionierung christlich-protestantischer Kirchen seit dem frühen 20. Jahrhundert nicht verflüchtigt hat.

SCHÖNHEIT IN KOREA UND DIE SCHALEN VON YOUNG-JAE LEE

Young-Jae Lee entstammt einer Familie, die man im alten Gesellschaftssystem der Schicht der Gelehrten zugeordnet hätte. Durch ihre konfuzianisch geprägte Erziehung hat sie, wie sie sagt, zu *Sabi* und speziell *Wabi* ganz eigene Ansichten. Die Verbindung des Einfachen und Naturhaften mit dem Eleganten ist zwar ein grundlegendes Element koreanischer Ästhetik, aber die Überbewertung des ästhetisch Reinen, des ausgeklügelt Einfachen interessiert die Künstlerin keineswegs. Reduzierung und die Neigung zu Einfachheit entspringen, so Young-Jae Lees Auffassung, den konfuzianischen Grundsätzen des Maßvollen. So wurde in der konfuzianisch geprägten Joseon-Zeit gefordert, ein dem Stand angemessenes, religiös-sittliches, bescheidenes Leben zu führen. Man könnte daher, wenn von Reduzierung die Rede ist, eher von Verzicht sprechen, Verzicht auf elaborierte oder brillante Erscheinung in handwerklichen Dingen. Gelehrte (sie gehörten der Aristokratie und der gebildeten Mittelschicht an) erhielten als Knaben eine strenge, auf konfuzianischen Moralvorstellungen basierende Erziehung und verbrachten von Jugend an viel Zeit mit dem Studium der chinesischen, insbesondere konfuzianischen Klassiker, der Literatur (Dichtkunst) und der Malerei. Nur die Aristokraten konnten nach bestandenen schwierigen Beamtenprüfungen ein Amt in der Regierung oder Provinzverwaltung bekleiden. Häufig zogen sich Gelehrte auf ihr Landgut zurück, um sich in Muße hauptsächlich der Literatur, Dichtkunst, Kalligrafie und Malerei zu widmen. Luxus, Prestige- und Besitzstreben war der Lebensführung eines Gelehrtenhauses nicht angemessen. Entsprechend hatten die Gelehrten einen von Pragmatismus, Sparsamkeit und Respekt geleiteten Umgang mit den Dingen. Das darf freilich nicht so ausgelegt werden, dass an das Handwerk keine Ansprüche gestellt und nicht auch Dinge aus kostbaren Materialien hergestellt worden wären. Man denke nur an die mit Perlmutt kunstvoll eingelegten Lack-Kästen und -Truhen. Keramiken dagegen waren Gebrauchsgegenstände, die ihre Funktion zu erfüllen hatten: als Essschalen, Trinkbecher, Weingefäße, Vorratsbehältnisse, Blumenvasen, Ritualgefäße etc. Entsprechend dem Auftraggeber und dem Zweck gab es freilich Qualitätsunterschiede. Für Bestellungen des Hofes wurden, wenig überraschend, die besten Produkte gefordert. Das Königliche Küchenamt hatte schon 1467 in der Umgebung der Stadt Gwanju unweit der Hauptstadt offizielle Porzellanöfen (*Bunwon*) installiert. Die dort verantwortlichen Gelehrten-Beamten hatten maßgeblichen Einfluss auf den Stil der Porzellane. Die Produktion und die wenig geachteten Töpfer wurden streng kontrolliert, zudem gab es strikte Regeln, wer was und wie viel bestellen durfte – auch wenn diese im Laufe der Zeit immer wieder unterlaufen wurden, zumal sich im 17. und 18. Jahrhundert mit den zu Reichtum gelangten Kaufleuten eine vermögende Schicht herausgebildet hatte. Jedoch wurde weder am Hof noch in den Häusern des Adels, der Gelehrten und Kaufleute Porzellan gesammelt. Abseits der Öfen der noblen Auftraggeber stellten die Töpfer für das einfache, zumeist arme Volk schnell und sicherlich nicht in besonders sorgfältiger Weise gedrehte und glasierte Ware her, darunter auch Suppen- und Reisschalen. Eine harte handwerkliche Arbeit für das tägliche Überleben, die nichts mit Zen-Genügsamkeit zu tun hatte.

Vor diesem Hintergrund kann man nüchtern feststellen: Da Young-Jae Lee der Wertekontext des Konfuzianismus und der Joseon-Kultur bewusst ist, hat sie keine Zen-Flausen im Kopf.

Fragen wir nun nach Young-Jae Lees Einstellung zu Schalen, deren Produktion sie sich so intensiv gewidmet hat, was 2019 in der Ausstellung *Körper zu Körper* mündete. Zu Beginn ihrer Auseinandersetzung wollte die Künstlerin Schalen um ihrer selbst willen herstellen. Sie konzipierte sie zweckfrei und widersprach damit dem *Mingei*-Postulat, dass die Funktion zur Form führe und beider Übereinstimmung Schönheit generiere. Zugleich dachte sie selbstverständlich an ihre Verwendbarkeit, jedoch ohne sich festzulegen. Sie gab den Schalen verschiedenste Formen, zeitlos und keiner speziellen Kultur verschrieben, doch in der koreanischen Kultur verankert. Schalen ohne festgelegten Verwendungszweck. Doch es gab eine Ausnahme, ein Projekt, aus dem sich dann eine Ausstellung ergab, vorgeschlagen 2002 von Pater Friedhelm Menekes SJ, dem Priester und damaligen Leiter der Kunst-Station an St. Peter in Köln: Schalen für den heiligen Wein in der Kommunion, ein für Young-Jae Lee inhaltlich wie formal fremdes Thema. Young-Jae Lee stellte sich dieser Herausforderung. Eigentlich hätten es ja Kelche sein müssen, doch diese metallische Form, das wusste die Künstlerin, konnte und wollte sie nicht drehen. Ihr waren die Opferschalen für den konfuzianischen Ritus des Ahnenkults und die Gebete von der Großmutter her bekannt, und in diese Richtung wollte sie arbeiten. Im Erkunden der Handhabung einer Abendmahlsschale und im Sich-Einlassen auf den Ritus und den Kirchenraum gewann die Form Gestalt: ein mächtiger, gewölbter Körper auf hohem Fuß, gut zu fassen mit beiden Händen. Nun also Schalen mit einer eindeutigen Bestimmung. Sie blieben eine Ausnahme, bis Young-Jae Lee während einer längeren Ruhepause darüber nachsann, Teeschalen zu drehen. Dies war ebenfalls Neuland für sie. Die Suche nach der Form begann. Teeschalen aus Korea waren ihr nicht bekannt, hingegen wusste sie von den chinesisch beeinflussten Schalen aus der Zeit der Goryeo-Dynastie, in denen Tee, Wein oder Wasser zumeist in Zeremonien dargereicht wurden. Und es gab die Reisschalen und die Opferschalen in den koreanischen Tempeln. Japanische Teeschalen nahm Young-Jae Lee zur Kenntnis, aber nicht als Orientierung. In jedem Falle haftete der Teeschale ein enormer Anspruch an, sei es wegen ihrer Bedeutungsschwere, sei es wegen des erforderlichen technischen Könnens, sei es wegen einer gewissen, wie sie sagt, nötigen Reife. Die Frage nach der Form ließ sich erst einmal auf die Maße umleiten: Das Verhältnis von Höhe zu Breite bzw. die Proportionen herauszufinden, erschien Young-Jae Lee als wichtiger Schritt zur Konkretisierung ihrer noch vagen Formvorstellungen. Dazu untersuchte sie die in Büchern und Katalogen publizierten Schalen. Bislang hatte Young-Jae Lee schon unzählige Trinkgefäße, also Becher, gedreht: kompakte zylindrische Körper auf kräftigem Fuß, die für bestimmte Getränke (z. B. Tomatensaft) gedacht waren, bis hin zu kleinen Becherschalen, und auch während der Überlegungen zur Teeschale entstanden viele Formvarianten mit teils großer Nähe zu koreanischen Beispielen. Die ersten Teeschalenversuche fielen nicht zu Young-Jae Lees Zufriedenheit aus. Die Konzentration auf Maße und Proportionen schien nicht der richtige Ausgangspunkt. Doch die Teeschale ließ sie nicht los – trotz aller Verweigerung, die sie verspürte. Tatsächlich stand hinter der Suche nach der Form, zu der es von Tee-Experten bedrängend viele Meinungen gab, die Frage, was es eigentlich mit der Schale für den Tee auf sich habe. Braucht man überhaupt eine bestimmte Schale? Gibt es – die japanische Teeschale beiseite lassend – die chinesische, und am wichtigsten, gibt es die koreanische Teeschale? Was hat es mit dem östlichen, insbesondere koreanischen Kulturphänomen »Tee« auf sich?

DIE KOREANISCHE LIEBE ZUM TEE

Um diese Fragen zu klären, müssen wir uns mit einem weiteren Konfliktthema befassen und damit, wie dieses Young-Jae Lee persönlich und schließlich ihre Werkstatt eingenommen hat. Gemeint ist die Kultur des Teetrinkens, des Tees also, den man allein oder mit Freunden, an einem besonderen Ort, zu einem bestimmten Anlass oder zu einer besonderen Stunde des Tages oder der Nacht zu sich nimmt. In dieser Weise Tee zu trinken geht mit einer bewussten Haltung einher, nämlich sich und den anderen Beteiligten einen Genuss zu bieten, hinsichtlich der Qualität und des Geschmacks des Tees, der Situation oder der Atmosphäre – einen geistigen, im entferntesten Sinne religiösen Genuss nicht ausgeschlossen.

Ausgehend von China ist in Japan, Korea und vielen anderen asiatischen Ländern das Teetrinken seit Jahrhunderten üblich. Anfangs als Medizin zu sich genommen und dann als Getränk gebunden an Zeremonien und Rituale in den Klöstern, in den Kreisen der Adeligen und bald auch der Gelehrten, verbreitete sich der Tee schließlich im ganzen Volk. Teetrinken ist eine Wanderkultur in vielen Erscheinungsformen – die unterschiedlichen Teesorten, die Aufbereitung der Ernte und die Zubereitung als Blätter- oder Pulvertee, die Arten des Konsums und der Darreichung und davon abhängig die entsprechenden Gefäße. In China und in Korea trank man bis Anfang der Ming-Zeit bzw. noch im 18. Jahrhundert zu Pulver geriebene Tee-Kuchen (der Tee wurde zuerst getrocknet und dann in Formen gepresst) und später Blättertee. In Japan bildete sich das Trinken von grünem Pulvertee zu einer spezifischen Kunstform aus.

In Korea ist Tee in den Klöstern und am Königshof bereits in der Silla-Dynastie (Vereinigtes Silla 668–935) und der Goryeo-Dynastie dokumentiert. In den südwestlichen Gebieten Koreas bauten Mönche Teebüsche bei ihren Tempeln an, die Samen stammten ursprünglich aus China. In der Goryeo-Zeit bildeten sich am Königshaus komplizierte buddhistische Rituale und Zeremonien aus, für die ein eigenes Büro eingerichtet wurde, das auch die Handhabung der Tee-Darreichung bestimmte. Die Gelehrten hingegen gingen mit dem wunderbaren Trank lässiger um, sie veranstalteten Gesellschaften, bei denen man auch dem Wein zusprach, musizierte und dichtete. Mit dem Sieg über die Regierung der Goryeo-Dynastie rief sich General Yi Seonggye im Jahr 1392 zum König aus und begründete die Joseon-Dynastie. In den folgenden Jahrzehnten brach er, gelenkt von seinen konfuzianischen Beratern, die religiöse und politische Macht des buddhistischen Klerus und baute den Staat und die Gesellschaft nach den Grundsätzen der neokonfuzianischen Ideologie um. Mit den buddhistischen Zeremonien war es damit am Königshof und bei Staatsfeierlichkeiten bald vorbei. Doch spielte das Teetrinken, so wird von einigen Historikern behauptet, bei offiziellen Versammlungen und Besprechungen und bei der Ahnenverehrung weiterhin eine Rolle. In den Häusern hoher Staatsbeamter wurde in die Riten bestimmter familiärer Feiern und Gedenktage ebenfalls Tee als Getränk und Opfer mit einbezogen.[4] Tief in die Berge zurückgezogen pflegten die buddhistischen Mönche in ihren Klöstern weiterhin ihre Zeremonien und folglich auch das Teetrinken. Den Tee bezogen sie aus China, bauten ihn selbst an oder hatten wilde Teebüsche ausfindig gemacht.

Zur Geschichte des Tees in der Joseon-Periode sind nur wenige Eckdaten belegt. Im 15. Jahrhundert pflanzten namentlich bekannte Mönche Tee an. Während eines Aufenthalts in China vertiefte sich der junge Gelehrte Hanjae Yi Mok (1471–1498) in die chinesische Kultivierung des Tees (sowohl den Anbau und die Aufbereitung der Blätter als auch die Zubereitung und das Trinken) und verfasste darüber die Abhandlung *Chabu* (Buch vom Tee). In den folgenden Jahrhunderten erschienen zum Thema Tee etliche Veröffentlichungen und viele Gedichte. Als im 18. Jahrhundert die Neigung zum Luxus zugenommen hatte – bemerkbar auch an der großen Beliebtheit reich bemalter Porzellane –, sah sich König Yeongjo (reg. 1724–1776) veranlasst, Auswüchse mit strikten Dekreten einzudämmen. Unter anderem wurde Tee bei Zeremonien durch Wein oder Wasser ersetzt. Erst König Sunjo (reg. 1800–1834) lockerte die Einschränkungen ab 1800 wieder.

Die Teeforscher der national geprägten Geschichtsschreibung nach 1950 hoben drei herausragende Persönlichkeiten hervor: den buddhistischen Mönch A'am Hyejang (1771–1811), den Gelehrten und verbannten Staatsbeamten Jeong Yak-yong (1762–1836), genannt Dasan (da er am Dasan, dem Teeberg, lebte), sowie den Mönch Seonsa Cho-ui (1786–1866). Dasan Jeong Yak-yong, suspekt geworden wegen seiner Beschäftigung mit »westlichem Wissen« und der Verbundenheit seiner Familie mit dem Katholizismus, lebte in Verbannung in Gangjin (im Südwesten von Südkorea). Dort befreundete er sich mit A'am Hyejang, dem Abt des in der Nähe gelegenen zen-buddhistischen Klosters Baegnyeon-sa. Sie pflegten intensiven Austausch und Dasan machte Hyejang mit dem Wundertrank Tee bekannt. Für Dasan war wegen seiner schlechten Gesundheit die medizinische Wirkung des Tees von großer Bedeutung. In den Jahren von 1806 an besuchte ihn auch der Mönch Cho-ui, studierte bei ihm das *I Jing* (Buch der Wandlungen) und klassische chinesische Dichtkunst – und lernte viel über Tee. Cho-ui entbrannte für das Teetrinken, und als er später in Seoul engen Kontakt mit Familienmitgliedern des Königshauses unterhielt, brachte er ihnen das Teetrinken und auch die Zen-Meditation nahe. Auch den bekannten Kalligrafen, Maler und Dichter Chusa Jeong-hui Kim (1786–1856) versorgte Cho-ui in dessen Exil mit Tee und pflegte mit Kims Familie und Freunden enge Verbindungen. Bemerkenswert ist nicht nur, dass sich diese unterschiedlichen Persönlichkeiten über Tee verständigten, sondern dass zen-buddhistische Mönche und ein konfuzianischer Gelehrter, sogar Mitglieder des Königshauses und Künstlergelehrte trotz Rangunterschieden und politischer Ächtung (Mönche durften z. B. in der frühen Joseon-Zeit die Hauptstadt nicht betreten) über Religion und Philosophie ins Gespräch kamen. Soweit ein Kurzblick auf die Geschichte des Teetrinkens in der späten Joseon-Zeit.

DIE RENAISSANCE DES KOREANISCHEN TEE-WEGES

Das seit Beginn des 19. Jahrhunderts zart blühende »Tee-Pflänzchen« wurde ab 1910 mit der Annektierung Koreas von den Japanern ausgedörrt, indem diese den Koreanern die aus ihrer Sicht weit überlegene japanische Teezeremonie aufzwangen. Tee aus koreanischem Anbau war für den japanischen Markt vorbehalten, den Koreanern blieb ein »Teegetränk« aus gerösteter Gerste. Das Ende des Pazifischen Krieges 1945 brachte auch das Ende der japanischen Okkupation und das Ende des Koreakrieges 1953 endlich relative Ruhe. Das wirtschaftlich und gesellschaftlich ausgebeutete und kulturell enteignete Land musste sich neu erfinden bzw. wiederfinden. Die geschichtliche Bewertung der Joseon-Periode und der japanischen Okkupation war von unterschiedlich kritischen Standpunkten gekennzeichnet. In den 1980er- bis 1990er-Jahren wurden Literatur, Theater, Musik und die Alltagskultur der Joseon-Zeit mit größtem Interesse, ja mit Identifikationssehnsucht aufgenommen. Der Brauch des Teetrinkens rückte wieder ins Bewusstsein.

Die Protagonisten einer Revitalisierung der »Teetradition« griffen die Joseon-zeitliche Verbindung von koreanischem Buddhismus und konfuzianischer Gelehrsamkeit auf und machten A'am Hyejang, Jeong Yak-yong und

Seonsa Cho-ui zu den Säulen des modernen koreanischen Weges des Tees. Damit schufen sie einen Mythos, wie er bei der kulturellen Identitätsbildung in Zeiten von Umbrüchen und Neukonsolidierung hilfreich, ja unumgänglich ist.

Was aber übermittelten die drei Persönlichkeiten und der schon erwähnte Hanjae Yi Mok gegenwärtigen Tee-Interessierten? Letzterer hatte bereits in seiner Schrift *Chabu* über die wunderbare, ja fast drogenhafte Wirkung des Tees berichtet, wie er Körper, Geist und Seele reinige und schließlich hinwegtrage zu den Gefilden der daoistischen Unsterblichen, und auch, dass es nichts Besseres gebe als Tee, um nach übermäßigem Weingenuss den Kater zu vertreiben. Hanjae Yi Mok erklärt genau, was beim Ernten, Aufbereiten der Blätter und Aufbewahren des fertigen Tees bis zum Zubereiten des Tranks zu beachten ist. Um 1828 übersetzte Cho-ui ein ähnliches Werk, *Cha Sin Jeon* (Chronik des Tee-Geistes), das dem chinesischen Autor Zhang Yuan (aktiv im 16. Jahrhundert) zugeschrieben wird. Unter anderem wird darin das Teetrinken mit unterschiedlichen Personenzahlen geschildert und erklärt, wie die Farbe des Tees sein soll und wie sich Farbe und Geschmack zueinander verhalten. Eine kurze Notiz zu den Teeschalen informiert darüber, dass die grüne Farbe des Tees in einer weißen Schale am besten zur Geltung käme. Wie Teeschalen ansonsten beschaffen sein sollten, ob klein oder groß, flach oder tief, hielt der Verfasser für nicht der Rede wert. In seiner Schrift *Dongchasong* (Lied vom Tee des Ostens [d. h. Korea, Anm. d. Autorin]) übermittelt Cho-ui in 17 Stanzen und einem kurzen Epilog seine Impressionen, Erfahrungen und Ansichten zum Tee. Die Stanzen und die beigefügten chinesischen Texte sind voller Zitate aus chinesischen Schriften, Anspielungen auf die Ansichten und Taten chinesischer Gelehrter und Kaiser und Bezüge zu daoistischen Heiligen und Weisen. In Gedichten von Gelehrten und Mönchen, die sich dem Teetrinken hingeben, wird immer wieder der wunderbare Einklang von Körper und Geist sowie von Natur und Überirdischem besungen. Der Tee wird gepriesen, aber wir erfahren nichts Informatives über Teegefäße oder Verhaltensregeln, etwa wie man ihn allein oder im Kreise von Besuchern zu trinken hätte.

Die Renaissance des Teetrinkens wurde in den 1950er-Jahren von dem zen-buddhistischen Mönch Hyodang (Choi Beom-sul, 1904–1979) in Gang gebracht. Er war Abt des Dasol-sa-Tempels in Sacheon (Südwestkorea) sowie ein unerschrockener Agitator in der Widerstandsbewegung gegen die japanische Besatzungsmacht und zeit seines Lebens Verfechter eines reformwilligen Zen-Buddhismus und einer sozialen Verantwortung gegenüber den Schwachen und Armen.

Mit seinen Forschungen zur Geschichte des Tees, die Hyodang in dem Buch *Hanguk ui Chado* (Der koreanische Tee-Weg) zusammenfasste, legte er den Grundstein für die heute praktizierte koreanische Teezeremonie. Nicht unwesentlich bei dieser nun in Gang gesetzten Formulierung der Teekultur war es, sie in eine nationale und kulturelle Identitätsfindung einzubinden, in der auch andere Kulturformen als koreanische Traditionen wiedererkannt und aufgebaut wurden. So kreierte Hyodang einen koreanischen Tee-Weg als koreanische Tradition und zelebrierte diese als Teezeremonie. Seine Frau und Teemeisterin Chae Won-Hwa gründete 1979 in Seoul das Institut Panyaro (Koreanischer Weg des Tees). Das Teetrinken bzw. die koreanische Teezeremonie hat nun gewisse rituelle Abläufe, ist von zen-buddhistischem Geist durchwirkt und in ein traditionelles Ambiente eingebettet, zu dem Blumenschmuck sowie die traditionelle Kleidung des Teemeisters bzw. der Teemeisterin und ihrer Assistenten und Assistentinnen gehören. Das Teetrinken wurde so zu einer neuen künstlerischen Form der Aufführung, einer »Tee-Performance«, und bekam ein soziokulturelles Ziel, das auf das Miteinander ausgerichtet ist.

Wie verläuft diese koreanische Teezeremonie? Das Tee-Set (Schalen, Teekanne, Gießgefäß, Teedose etc.) steht mit einem Tuch bedeckt auf einem Tablett bereit. Der Teemeister oder die Teemeisterin verbeugt sich in buddhistischer Geste vor den Gästen, hebt das Tuch ab und legt es zusammengefaltet zur Seite. Dann dreht er oder sie die Teeschalen um und wärmt sie mit heißem Wasser an. Mit in einem Gießgefäß abgekühltem Wasser werden die Teeblätter in der Kanne aufgegossen und portionsweise in die angewärmten Teeschalen gefüllt. So enthält eine jede einen gleich starken Aufguss. Die Schalen werden den Gästen auf Untersetzern gereicht. Vor dem Trinken reicht man sich die Hände zum Gruß und Dank. Während der Zeremonie sollen die Gäste in einer konzentrierten, um nicht zu sagen meditativen Haltung verweilen. Diese Abläufe wiederholen sich etwa dreimal. Abschließend wird das Tee-Set auf das Tablett zurückgestellt, mit einem Tuch bedeckt, man reicht sich die Hände, grüßt und dankt.

Von solchen zeremoniellen Abläufen, Gesten und Ritualisierungen liest man in den alten Schriften wie dem *Dongchasong* nichts. Auf einem Bild des Malers Danwon Kim Hong-do (1745 – um 1810) ist ein teetrinkender Gelehrter in lässiger Haltung zu sehen, auf einem Tischchen steht neben ein paar Schriftblättern oder Büchern ein kleines Tablett mit ein oder zwei Schalen und einem Gießgefäß, ein Diener ist damit beschäftigt, das Stövchen für das Teewasser zu heizen. Auf ähnliche Weise kann man auch heute ein Teevergnügen ohne jedes Traditionsgehabe erleben, wenn man zum Beispiel von einem Mönch in seiner Behausung ganz schlicht zum Teetrinken eingeladen wird.

Für den zelebrierenden Stil des Panyaro hegt Young-Jae Lee keine Sympathie, wenngleich sie akzeptiert, dass solche Konstruktionen aus einem Nachholbedarf kultureller Selbstbehauptung resultieren. Dabei nehme man, so ihre Meinung, Maß an der japanischen Teezeremonie. Aus ihrer Kindheit weiß sie, wie selbstverständlich ihr Großvater und Vater Tee zubereiteten und in welch zwangloser Atmosphäre sie ihn genossen.

DIE SUCHE NACH DER KOREANISCHEN TEESCHALE – EIN BLICK AUF DIE JOSEON-KERAMIK

Mit dem verfügbaren Wissen über Tee blieb aber eine Frage unbeantwortet: Wie mag die koreanische Teeschale in der Joseon-Zeit beschaffen gewesen sein? Gab es »die koreanische Teeschale« überhaupt, und wiederum, was hätte sie mit Young-Jae Lees *Spinatschale* zu tun? Schauen wir auf die koreanische Keramik und zwar auf die Periode, zu der Young-Jae Lee die engste Beziehung hat. Wie sie sagt, finde sie die Goryeo-Seladone zwar bewundernswürdig, aber hingezogen fühle sie sich zur Joseon-Keramik – diese sei *ihr* Erbe.

In Koreas Keramik hat sich, auch wenn China hier wie in der gesamten ostasiatischen Keramikkunst in gewissem Maß den Hintergrund bildete, ein unverkennbarer und unverwechselbarer Stil entwickelt, sei es in der Zeit des Vereinigten Silla-Reiches, der Goryeo- oder der Joseon-Dynastie. Zeitweise lösten die Seladone des 12. Jahrhunderts am chinesischen Hof Bewunderung und Begehrlichkeiten aus. Als sich die Joseon-Keramik stilistisch neu formulierte, verbreitete sich in den Ming-zeitlichen Öfen von Jingdezhen Anfang des 15. Jahrhunderts die farbige Porzellanmalerei mit Schmelzfarben, doch diese fand damals und auch in den folgenden Jahrhunderten in Korea nicht den geringsten Niederschlag. Sie passte nicht zum koreanisch-konfuzianischen Geschmack. Mit Sicherheit beförderten chinesische blauweiße Porzellane das Joseon-Porzellan, wirkten aber nur bis zu den japanischen Invasionen von 1592 und 1598 stilbildend. Aus Japan kamen bis Ende des 19. Jahrhunderts keine stilistischen Anregungen.

Die über 500 Jahre dauernde Joseon-Zeit brachte zwei grundverschiedene keramische Produktionsstränge hervor: die Buncheong-Keramik und das Porzellan. Die erste Reaktion auf den politischen und sozialen Umbau der konfuzianischen Herrscher zeigte sich mit dem Aufkommen der Buncheong-Keramik (hergestellt bis ca. 1592). Für alle Gesellschaftsschichten produziert,

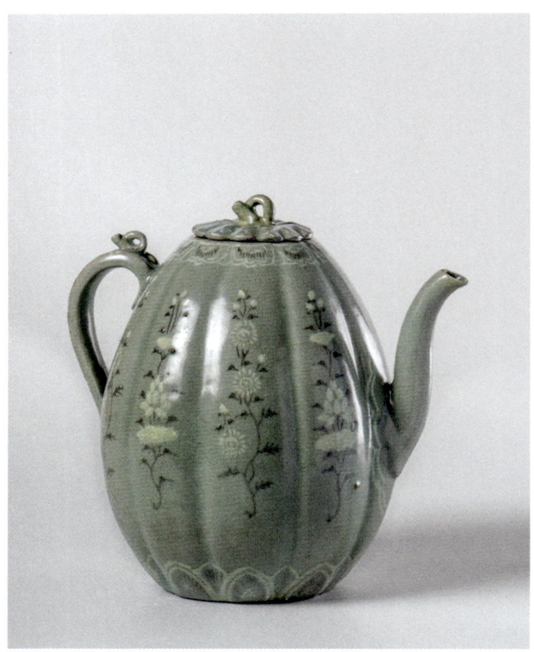

1 Korea, Goryeo-Periode, Kanne, H. 23 cm, D. 16,7 cm, Museum für Asiatische Kunst, Staatliche Museen zu Berlin, Inv.-Nr. 1962-1

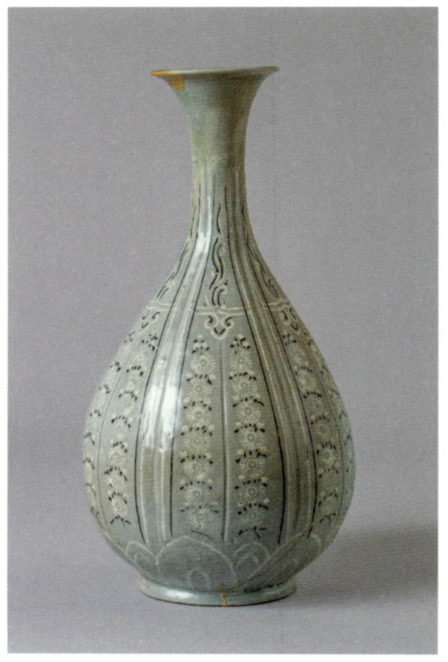

2 Korea, Goryeo-Periode, 13. Jahrhundert, Langhalsflasche, H. 35,5 cm, D. 21 cm, Museum für Ostasiatische Kunst Köln, Inv.-Nr. F 09,57

bekam sie bald Konkurrenz durch das weiße Porzellan und wurde schließlich ganz verdrängt. Eine Zäsur brachten die Zerstörungen der Keramik- und Porzellanwerkstätten durch die bereits erwähnten Invasionen des japanischen Heerführers Hideyoshi Toyotomi. Während sich die Buncheong-Werkstätten davon kaum noch erholten und sich nur noch mit »Exportkeramik« für japanische Tee-Enthusiasten über Wasser hielten, erlebten die Porzellanöfen ab Mitte des 17. Jahrhunderts eine neue Blütezeit. Es ist unmöglich, hier die Geschichte auch nur annähernd zu skizzieren, deshalb können wir nur kurz umreißen, was die jeweiligen Produktionen auszeichnet.

Die Buncheong-Keramik basiert auf den Seladonen der Goryeo-Dynastie, die dem Geschmack des buddhistischen Klerus, des Königshauses und des Adels entsprangen: elegante Formen, feine, kunstvolle weiße und schwarze

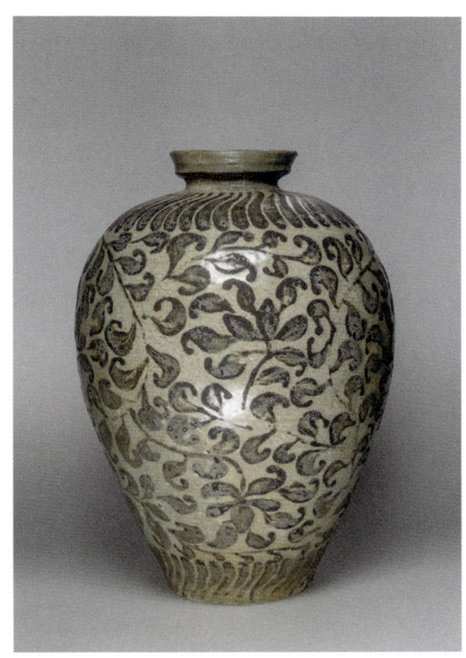

3 Korea, Goryeo-Periode, 11.–12. Jahrhundert, *Maebyeong*-Flasche, H. 25,5 cm, D. 17 cm, Sammlung Heinz Slunecko

eingelegte Muster unter der sanften grün-grauen Seladon-Glasur [ABB. 1–3]. In der Übergangsphase waren die Einlegemuster der Goryeo-Zeit zunächst weiter gebräuchlich, wurden jedoch weniger sorgfältig, dafür aber umso kraftvoller ausgeführt. Die verwendeten Tonmischungen waren gröber und wurden beim Brennen grau bis braun; die Gefäßformen waren kräftig, mit der Zeit erhielten sie einen fast bäuerlichen Charakter, die Gefäße wurden oft mit wenig Achtsamkeit gedreht und gebrannt [ABB. 4–5]. Ihr Charakteristikum ist die Anwendung weißer Engobe, die in verschiedenen Techniken aufgetragen oder bearbeitet wurde [ABB. 6, 7, 9]. Nach und nach bildeten sich neue, unabhängige Dekore aus: Beliebt wurden etwa zonenweise eingesetzte oder das gesamte Objekt bedeckende Stempelmuster, ausgefüllt mit weißer Engobe [ABB. 8]; die Sgraffito-Technik für Pflanzen- und Fischmotive, auch

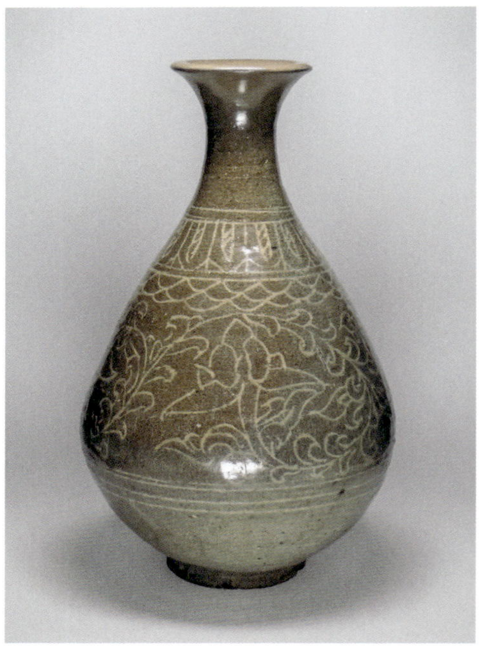

4 Korea, Joseon-Periode, 15. Jahrhundert, Flasche, Buncheong-Keramik, H. 30,5 cm, Sammlung Heinz Slunecko

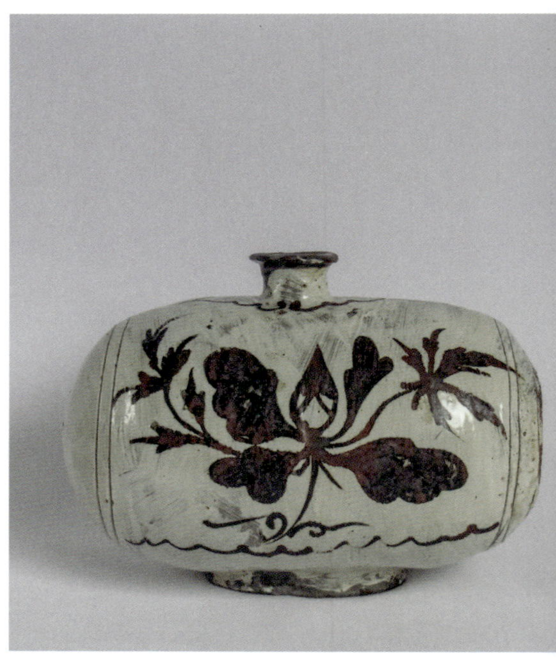

5 Korea, Joseon-Periode, 15./16. Jahrhundert, Weinflasche, Buncheong-Keramik, Gyeryongsan-Ware, H. 19 cm, D. 25 cm, Sammlung Heinz Slunecko

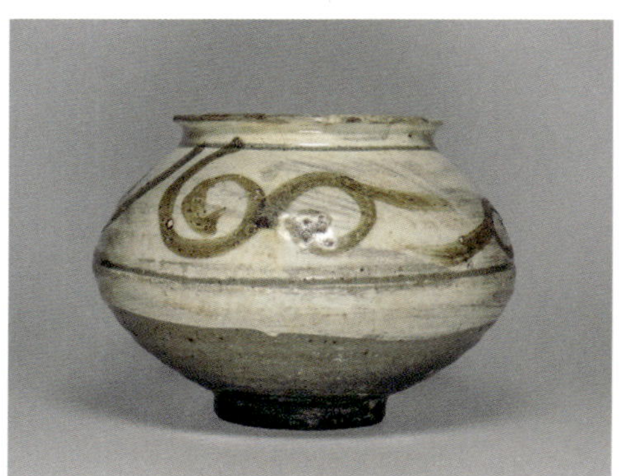

6 Korea, Joseon-Periode, 15. Jahrhundert, Gefäß, Buncheong-Keramik, Gyeryongsan-Ware, H. 11 cm, D. 14,5 cm, Sammlung Heinz Slunecko

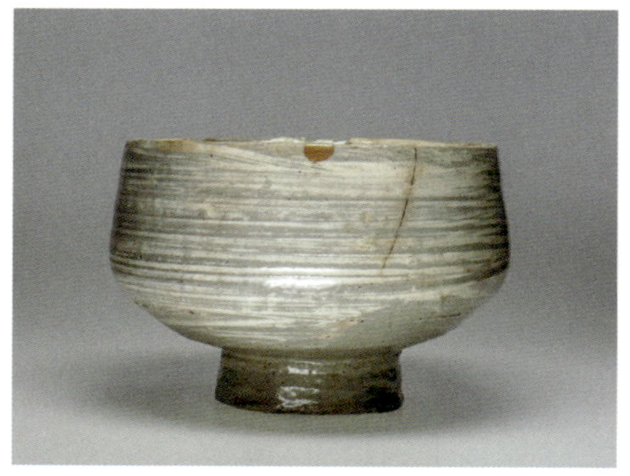

7 Korea, Joseon-Periode, frühes 15. Jahrhundert, *Goki kohiki chawan*, Buncheong-Keramik, H. 9 cm, D. 14 cm, Sammlung Heinz Slunecko

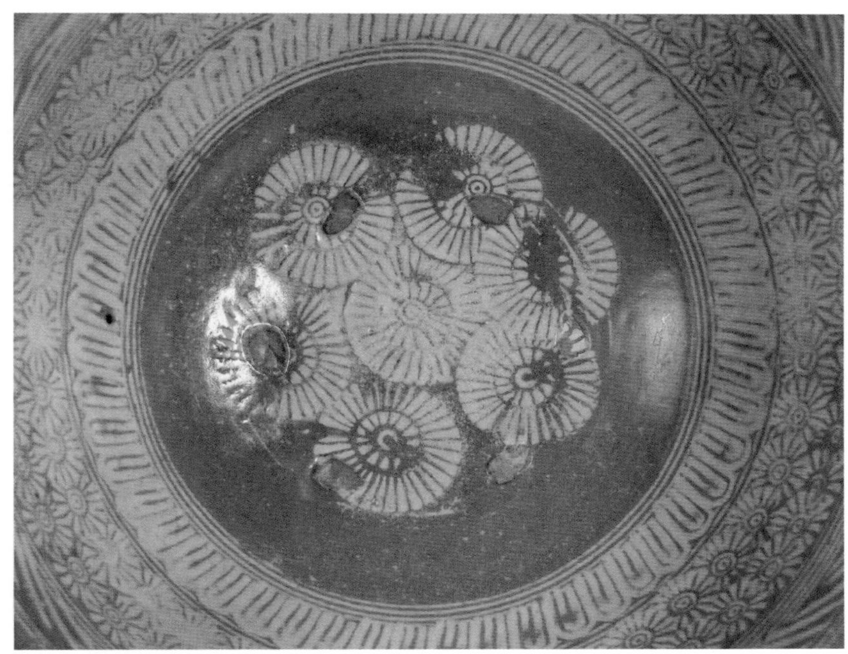

8 Korea, Joseon-Periode, 15. Jahrhundert, Schale, Buncheong-Keramik, H. 8 cm, D. 18,5 cm, Sammlung Heinz Slunecko

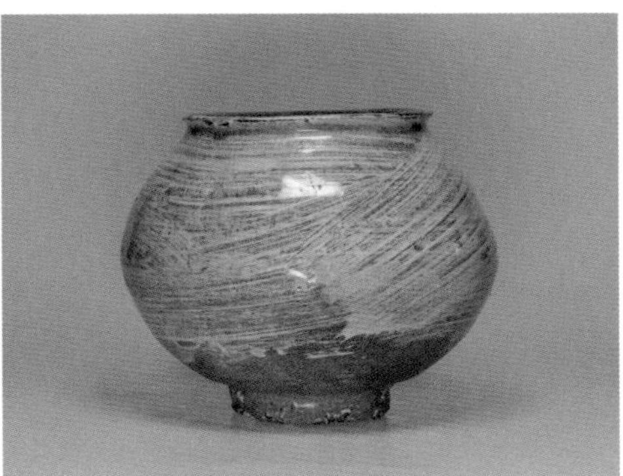

9 Korea, Joseon-Periode, 15. Jahrhundert, Gefäß, Buncheong-Keramik, H. 11 cm, D. 13 cm, Sammlung Heinz Slunecko

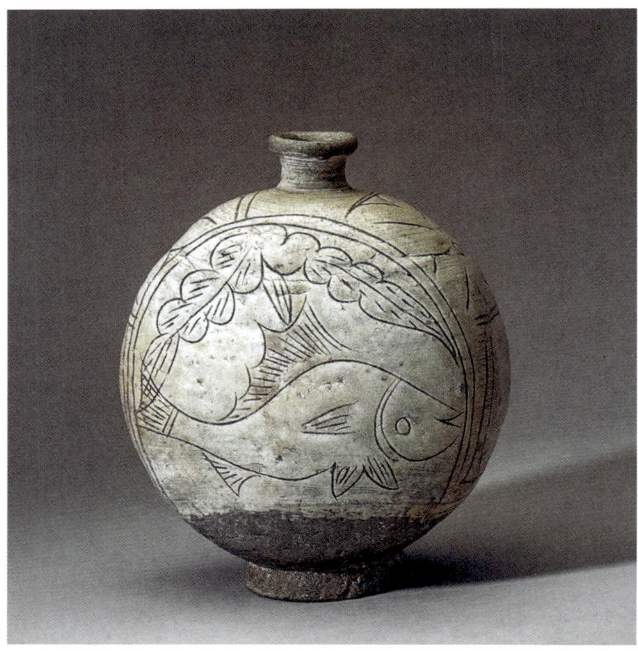

10 Korea, Joseon-Periode, 15./16. Jahrhundert, Pilgerflasche, Buncheong-Keramik, H. 25,7 cm, D. 14,2 cm, Privatbesitz

mit Ritzzeichnungen kombiniert; ein schnelles, sorgloses Aufstreichen von weißer Engobe mittels eines Borstenpinsels (japanische Töpfer verwenden Reisstroh- oder Graspinsel); mit weißer Engobe überzogene Gefäßkörper mit eingeritztem Liniendekor oder eisenbrauner Bemalung. Überzogen sind diese Keramiken mit einer transparenten, grünlich schimmernden Seladonglasur. Fischmotive und häufig mehr oder weniger genau zu erkennende florale Motive gehören auch hier zum Repertoire [ABB. 5, 6, 10]. Letztere sind derart ungewöhnlich entworfen, ja mit dem Pinsel hingeworfen, dass man über den freien künstlerischen Ideenreichtum der Töpfer, d. h. ihre Ungezwungenheit, ihre Ernsthaftigkeit und immer wieder auch ihren Humor nur staunen kann. Zu sehen sind solche Motive auf bauchigen Flaschen, runden Dosen, Weinflaschen mit horizontalem Gefäßkörper, Taschenflaschen aus

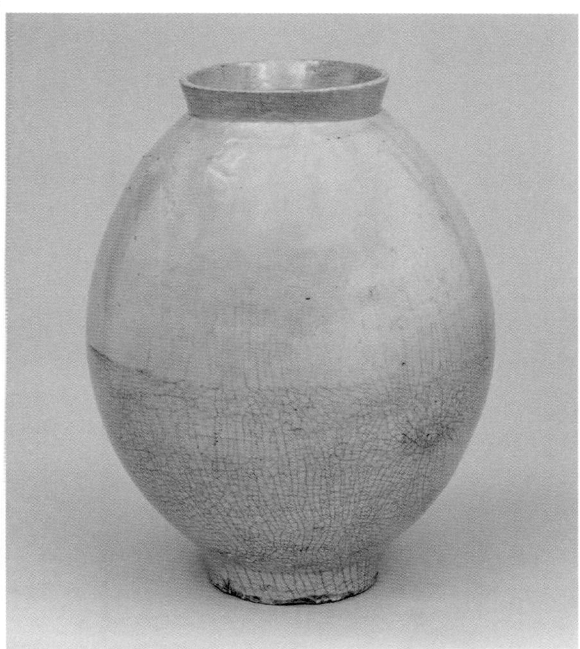

11 Korea, 19. Jahrhundert, Porzellankrug, *Baek ja hang a ri*, H. 35,3 cm, D. Mündung 13,4 cm, D. Boden 11,1 cm, D. Korpus 26,6 cm, Staatliche Ethnographische Sammlungen Sachsen, GRASSI Museum für Völkerkunde zu Leipzig

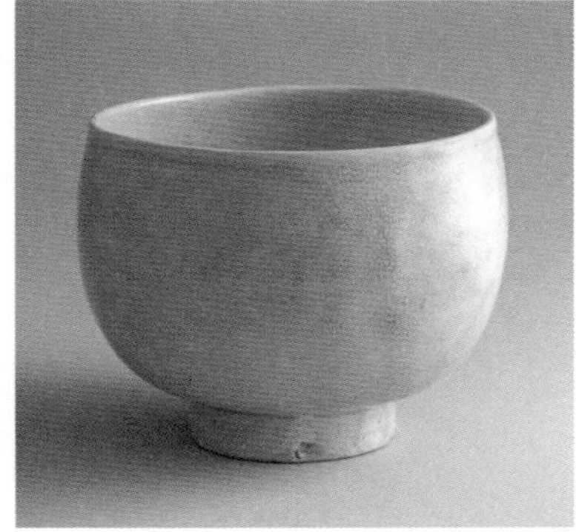

12 Korea, Joseon-Periode, 16. Jahrhundert, Schale, H. 11 cm, D. 13 cm, Museum für Ostasiatische Kunst Köln, Inv.-Nr. F 56,24

zwei montierten abgeflachten Schalen, bauchigen Vorratsgefäßen, Schüsseln und Schalen – darunter jene, die die Japaner als Teeschalen so liebten.

Die Porzellane hingegen sind von Anfang an und epochenübergreifend (frühe, mittlere und späte Joseon-Zeit) distinguiert in Form und Bemalung bzw. Dekor [ABB. 11–12]. Sie sind gekennzeichnet durch klare Formen und schlichte Eleganz, Natürlichkeit in der Entfaltung und Anmut in der Kontur der Form; durch die bestechende, doch unschuldig reine Wirkung der weißen Farbe; durch ihre Konzentration auf die Verwendung und Handhabung; durch den Verzicht auf jeglichen Zierrat etwa in Form von Henkeln, die nur dem Dekor dienen. Fußringe gewährleisten lediglich die Standfestigkeit des Gefäßes, haben also keine »skulpturale« Funktion. Am beliebtesten waren in der frühen Zeit undekorierte, also rein weiße Porzellane, weshalb die kobaltblau bemalten, von chinesischen Porzellanen angeregten Stücke der frühen Epoche in der Minderzahl blieben. An die offiziellen Öfen wurden vom Hofamt für Malerei ausgebildete Maler beordert. Insgesamt wirkte sich die Kontrolle der Hofämter auch auf die nicht-offiziellen Werkstätten des Landes qualitätssteigernd aus. Nach der japanischen Invasion entstand ab Mitte des 17. Jahrhunderts (mittlere Joseon-Periode, bis Ende des 18. Jahrhunderts) eine neue Produktion von rein weißem Porzellan mit sparsamen, poetischen kobaltblauen oder eisenbraunen Bemalungen. Die weiße Fläche (je nach regionalen Rohstoffen gab es auch cremefarbene oder graue Glasuruntergründe) wird von diesen nicht dominiert, denn die Maler verzichteten weitestgehend auf Musterbänder etwa an Hals, Schulter oder Boden, sodass die Dekore in der Fläche schweben: zarte, vereinfacht dargestellte Gräser und Blumen sowie andere florale Motive, Landschaften oder manchmal mächtige Drachen- oder Tigerdarstellungen, in denen die Kraft, die Naivität und der Humor der Buncheong-Dekorateure wieder aufflammen. Im Laufe des 19. Jahrhunderts (späte Periode, bis 1910) wagten die Töpfer und Maler elaboriertere Formen und Dekore, zu Kobaltblau und Eisenbraun gesellte sich Kupferrot.

Entsprechend den Grundsätzen des Pragmatismus und der Genügsamkeit in der konfuzianischen Lebensweise ist das Joseon-Porzellan nicht als dekorativer Schmuckgegenstand geschaffen worden, sondern als notwendiges Gebrauchsobjekt. In der frühen Zeit wurden vor allem Gefäße für das Ritual des konfuzianischen Ahnenkults aus dem (damals noch sehr seltenen) rein weißen Porzellan hergestellt, nach und nach auch Gegenstände für den

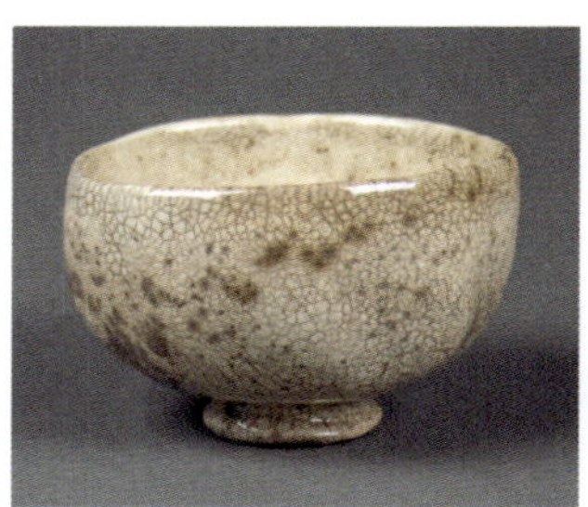

13 Korea, Joseon-Periode, 17./18. Jahrhundert, Schale, H. 8,7 cm, D. 14,3 cm, Museum für Asiatische Kunst, Staatliche Museen zu Berlin, Inv.-Nr. 433

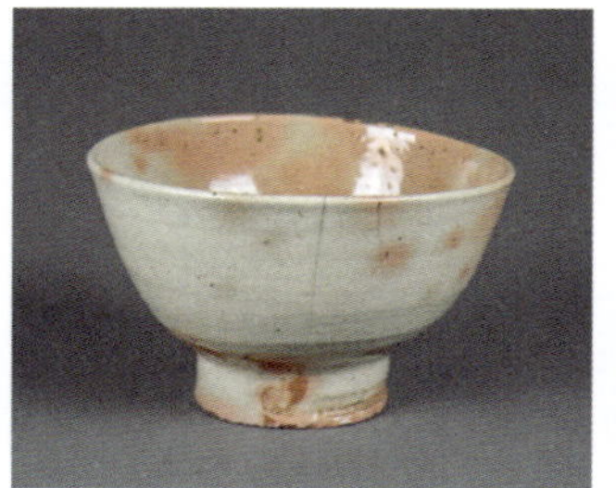

14 Korea, Joseon-Periode, 17./18. Jahrhundert, Schale, H. 7,6 cm, D. 14 cm, Museum für Asiatische Kunst, Staatliche Museen zu Berlin, Inv.-Nr. 432

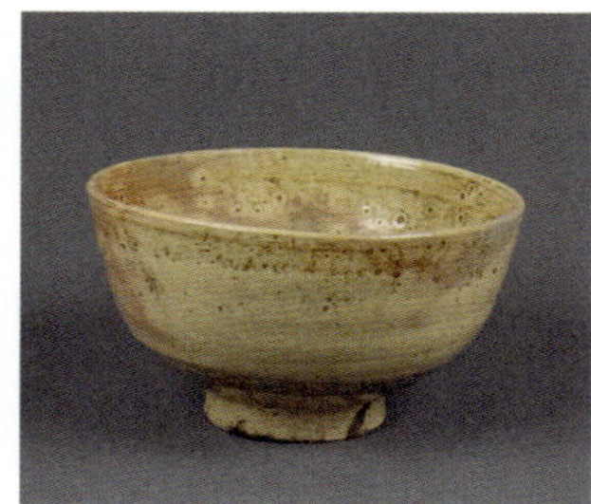

15 Korea, Joseon-Periode, 18./19. Jahrhundert, Schale, H. 5,5 cm, D. 8,5 cm, Museum für Asiatische Kunst, Staatliche Museen zu Berlin, Inv.-Nr. 1237

Bedarf im Gelehrtenzimmer und generell im Haus. Der schöne Gebrauchsgegenstand wurde nicht unter dem Aspekt seines Nutzwertes allein betrachtet, sondern als Möglichkeit, das Schöne als das im konfuzianischen Sinne (ethisch) Gute bzw. als einen (ethisch) wertvollen Genuss in das tägliche Leben einzubeziehen. Der Verzicht auf das Dekorative brachte eine überragende Klarheit hervor [ABB. 11, 12], wie sie auch an den Möbeln, insbesondere den Regalen und Truhen des Gelehrtenzimmers zu bewundern ist, in denen Bücher, Schatullen oder auch Gefäße für den Zugriff des Hausherrn bereitgehalten wurden. Als sich im 18. Jahrhundert unter den zu Reichtum gelangten Bürgern, die allerdings nicht zu den gelehrten Aristokraten zählten, das Verlangen nach Luxus regte, antworteten die Keramikmaler schnell mit opulenteren Dekoren. Wie schon erwähnt, wurde dies durch königliche Dekrete bald wieder eingeschränkt. Generell versorgte die Porzellanproduktion den gesamten Bedarf der täglichen Haushaltung des Königshauses wie auch des Gelehrten-, Beamten- und Bürgertums: Schüsseln und Schalen in allen möglichen Größen, Teller und Platten, Flaschen und Vorratstöpfe sowie Utensilien für den Gelehrtenschreibtisch und Ritualgefäße. Auch hier stellt sich die Frage: Gab es Schalen speziell für Tee? Und wieder die Antwort: Es gibt keine Erwähnungen, keine Bezeichnungen in den Archivlisten und Katalogen der Museen und in Büchern über Keramik. Teeschalen gehörten zum Ess- und Trinkgeschirr und dieses ist am wenigsten erhalten geblieben.

YOUNG-JAE LEES SUCHE NACH DER EIGENEN TEESCHALE

Schauen wir hier noch einmal zurück und hören, wie Young-Jae Lee nach den Jahren der Tee-Abstinenz in Deutschland wieder intensiv zum Teetrinken, zu ihrem koreanischen Erbe kam. Es ist eine Geschichte von Erlebnissen und Begegnungen, die sich so zufällig wie auch glücklich und wirkungsvoll gefügt haben, Begegnungen mit Personen, die, wie Young-Jae Lee es bezeichnet, gefunden wurden, ohne gesucht worden zu sein, mit Personen, die im Laufe der Zeit als Mitarbeiterinnen in ihre Werkstatt hineinwuchsen. Im Eigentlichen beginnt hier die Formwerdung der *Spinatschale*.

Die Geschichte begann, als Young-Jae Lee 1985 während einer ihrer Koreareisen im bedeutenden Hai-in-Tempel auf einen Mönch traf, mit ihm ins Gespräch kam und schließlich von ihm zum Tee eingeladen wurde. Es waren der köstliche Geschmack des Tees, die Atmosphäre, das Außerordentliche einer kurzen Zeitlosigkeit im hektischen Getriebe der Reise, die so eindrücklich waren, dass sie sich fortan auf allen Reisen einige Tage Zeit für ein Teetreffen nahm – auch nachdem sich der Mönch Yoyon an dem berühmten

Il-Ji-am-Tempel im Südwesten Südkoreas niedergelassen hatte, heute *das* Zentrum für Teekultur und Teeanbau. Durch seine Vermittlung lernte Young-Jae Lee die Teemeisterin Mung-um-dang kennen, mit der sie noch heute engen Austausch pflegt. Obwohl die beiden Teemeister führend im koreanischen Tee-Revival sind, ließ Young-Jae Lee die zeremoniellen und traditionellen Ambitionen nicht an sich heran. Es war die sehr feine Art und Weise des Teetrinkens und die sich entspinnenden Gespräche, die die Künstlerin schätzte. Über Keramik wurde nicht gesprochen. Qualität und Stil der verwendeten Gefäße gaben ihr keinen Anlass, und die eigene Arbeit zu erwähnen vermied sie ganz entschieden. Sie wollte keine Belehrungen bekommen und keine geben oder sich gar zu einer Rechtfertigung ihrer Ansichten herausfordern lassen.

Während eines der Besuche bei der Teemeisterin war auch deren Tochter zugegen, eine junge Frau mitten im Studium des Verwaltungsrechts – und ohne Ambitionen bezüglich der Teekultur. Es ergab sich, dass diese Tochter, von ihrer Berufswahl wenig überzeugt, sich einige Jahre später überraschenderweise dazu entschied, Keramikerin zu werden: 2005 begann Kyoung-Ah Kim bei Young-Jae Lee in der Keramischen Werkstatt Margaretenhöhe ihre Lehre. Anschließend studierte sie an der Fachschule für Keramik in Höhr-Grenzhausen und schloss mit dem Meisterbrief ab. Zurück in Korea richtete sie sich eine Werkstatt ein und schulte sich in der Teekultur. Zwischendurch hielt sie sich immer wieder für einige Monate in der Essener Werkstatt auf. Kurz nach Kyoung-Ah Kims Ankunft besuchte die Japanerin Shoko Ishioka, Studentin an der Burg Giebichenstein Kunsthochschule Halle, die Werkstatt Margaretenhöhe. Ihre Mutter hatte in Tokio in einem Lifestyle-Magazin über die Werkstatt von Young-Jae Lee gelesen und ihr vorgeschlagen, dort vorbeizuschauen. Nach ihrem Diplom arbeitete Shoko Ishioka sich in der Werkstatt ein und wurde eine ihrer wichtigen Stützen. Ganz unbeabsichtigt kam mit ihr die Verbindung zum japanischen Tee in die Werkstatt, denn es traf sich, dass in ihrer Familie, wenngleich westlich und modern ausgerichtet, Tee geschätzt wurde und sie überdies seit ihrem Studium mit dem Sohn des Oberhauptes der Mushanokōji-Teeschule befreundet war.

Gemeinsam mit Daniela Glattki aus Polen, die als Meisterin schon fest in der Werkstatt arbeitete und sich mit japanischem und koreanischem Tee vertraut gemacht hatte, Kyoung-Ah Kim und Shoko Ishioka baute Young-Jae Lee die Welt des Tees in ihre Werkstatt ein. Die Teemeisterin Mung-um-dang kam zu Besuchen in die Werkstatt und zu Veranstaltungen nach Deutschland, und seit den letzten Jahren laden Shoko Ishioka und Daniela Glattki während Ausstellungen Besucher zum Teetrinken nach koreanischer oder japanischer Art ein. Wie Young-Jae Lee immer wieder betont, waren diese Entwicklungen ein großes Glück. Man setzte sich zusammen, unterbrach oder beendete die Arbeit, nahm sich Zeit, trank den Tee, den entweder Kyoung-Ah Kim von ihrer Mutter oder Shoko Ishioka aus Japan bezogen, man genoss ihn, ja belohnte sich. Hier, im geschützten Raum der Werkstatt, war die Keramik natürlich ein Gesprächsthema.

Dazu gehörten Fragen zu Form und Maß. Wie das Gießgefäß zum Abkühlen des Wassers und die Teekanne beschaffen sein sollten, ergab sich aus der Menge des Tees – sie ist stets klein – und aus der Handhabung. Kleine Teekannen und Gießgefäße hatte Young-Jae Lee schon in ihrem Geschirrprogramm entwickelt, auch große und kleine Becher gab es reichlich. Kyoung-Ah Kim fertigte anmutige Teekännchen, deren Deckel ein koreanisches Knötchen schmückt. Die Formen der Trinkgefäße wurden diskutiert und ausprobiert und abgewogen: becherartig, schalenartig, unterschiedliche Größen; sollten sie sich als besondere Form im Tee-Set behaupten, sollten sie ganz normale, also bescheidene kleine oder größere Becher- oder Schalenformen aufweisen. Die wichtigste Qualität musste wohl sein, dem Teegenuss keine Konkurrenz zu machen. Für Young-Jae Lee waren diese offen gehaltenen Erwägungen von großer Bedeutung. Obgleich sie in gewisser Weise theoretisch blieben, führten sie dazu, dass alle die verworfenen Idealbilder und Gegenbilder in ihren Händen zu ihrer Teeschale wurden – die allerdings nicht so heißen sollte.

Störungen kamen von außen. Denn was Young-Jae Lee hinsichtlich ihrer Arbeit und der Suche nach »ihrer« Teeschalenform besonders umtrieb, war die Frage, mit welcher Begründung gegenwärtige einflussreiche koreanische Teemeister und -meisterinnen, Keramikerinnen und Keramiker behaupten könnten, die Formen, Glasuren, Größen oder Herkunft von Teeschalen und anderen Teegefäßen müssten bestimmten Vorgaben folgen. Einer dieser Teemeister schwadronierte gar, es sei von Bedeutung, kostbare alte oder neue Schalen zu verwenden. Ähnlich argumentieren ja auch japanische Teespezialisten und -spezialistinnen, Teemeisterinnen und -meister mit genauen formalen und ästhetischen Vorstellungen und Vorschriften für Teeschalen. Solche Behauptungen machen die Dinge wichtig, zielen auf Ausschließlichkeit – ein solcher Anspruch passt nicht zu Young-Jae Lee.

Young-Jae Lee sah sich mit diesen beengenden Forderungen ständig konfrontiert. Deshalb wollte sie Klarheit darüber haben, ob in Korea über Teeschalen geschrieben wurde, ob irgendwelche Kriterien aufgelistet seien. Dasan Jeong Yak-yong zum Beispiel hatte mehr als 1500 Gedichte geschrieben, irgendwo, so meinte sie, könnten doch auch die Teeschalen besungen oder zumindest erwähnt worden sein. Während ihrer Aufenthalte in Seoul suchte sie das Gespräch mit dem emeritierten Religionswissenschaftler und

Dasan-Experten an der Nationaluniversität in Seoul, Professor Jang-Tai Gum. Er versicherte ihr schließlich, Teeschalen, Teekannen und Gießgefäße seien für Dasan kein Thema gewesen. Warum, sei noch zu überlegen.

Resümierend können wir feststellen: Obwohl man Tee aus China (wenn nicht aus koreanischem Anbau) bezog und Joseon-zeitliche Gelehrte und Mönche regen Austausch mit chinesischen Kollegen pflegten, sind keine Importe von Ming-zeitlichen Keramiken und Porzellanen, die zum Teetrinken gedient hätten, bekannt. Offensichtlich sind wir bei der Suche nach der koreanischen Teeschale auf einer falschen Fährte, weil uns der Kult um die japanische Teeschale den Weg versperrt. Aufgrund der den Luxus ablehnenden konfuzianischen Lebenshaltung war es den koreanischen Gelehrten fremd, Schalen (und andere Tee-Utensilien) zu etwas Besonderem zu erheben. Demnach ist es passender, nicht von Teeschalen, sondern von Trinkschalen zu sprechen. Dann finden wir uns auf dem nicht speziell beachteten Feld des Gebrauchsgeschirrs wieder. Eine koreanische (?) Grabbeigabe von 1585 umfasst eine Anzahl von Trinkschälchen mit Untertassen in zwei Größen sowie Schalen auf Untersetzern neben Töpfen und Schüsseln (wie für Grabbeigaben üblich in Miniaturform). Aus einem Grab des 17. Jahrhunderts ist eine Trinkschale in einem Set von Porzellangefäßen mit außerordentlich feiner Kobaltbemalung bekannt (möglicherweise Kopien von blau-weißem Ming-Porzellan). Man kann sich wohl darauf festlegen, dass ganz normale Schalen (Haushaltsware), wie jene Grabbeigaben sie zeigen, zum Teetrinken verwendet wurden. Eine Erklärung zumindest zur Frage nach der Form tut sich auf: Weil der Tee kostbar und nicht in großen Mengen erhältlich war und weil der Geschmack und die Wirkung so konzentriert genossen wurden, waren die Schalen möglicherweise klein. Aber das ist nicht belegbar.

Auch wenn die Nachforschungen zu keinem greifbaren Ergebnis führten, brachten die Gespräche mit Professor Jang-Tai Gum für Young-Jae Lee eine bedeutsame Wende. Er gab ihr, wie sie ihn mit seinem auf Deutsch gewählten Ausdruck zitiert, seine »Absolution«: »Drehen Sie, was Sie wollen. Wenn Sie sagen, das ist eine Teeschale, dann ist es eine Teeschale.«

DAS IST SIE ALSO: DIE *SPINATSCHALE*

Wir wissen nun, wie lange sich Young-Jae Lee mit Form und Bedeutung der Teeschale mühte und wie mächtig die Interpretationen der Teezeremonien und der Teeschale auf sie wirkten. Die Schale wurde zum Problem, sobald sie eine Teeschale sein sollte: Es steckte Zwang schon in diesem Ansatz. So ist das Wesentliche an Professor Jang-Tai Gums »Absolution«, dass über die

Bestimmung einer Schale *nach* ihrer Entstehung entschieden werden darf. Das war für Young-Jae Lee eine außerordentliche Erfahrung: enthoben zu sein von Kult-Diktaten, Bevormundung und Besserwisserei; Schalen zu drehen, ohne die Bestimmung im Kopf zu haben, Schalen, die für *alles* verwendet werden können, auch für Tee. Ja, es sei ein Befreiungsschlag gewesen. Im Nachhinein, für alle Teeschalenversuche und in Zukunft für die *Spinatschale*.

Es bleibt uns also noch die Frage: Warum Spinat? Das war eigentlich einfach, sagt Young-Jae Lee. Ein Anblick, eine Assoziation, eine Idee während eines ihrer Aufenthalte in Japan: In einem Restaurant stehen Schalen mit appetitlich angerichteten grünen Gemüsen vor ihr auf dem Tisch; vor ihrem inneren Auge steht eine Schale mit geschäumtem grünem Tee – eine simple Assoziation – *Spinat*. Schalen für Gemüse, diese Formen können ebenso Teeschalen sein. Schale soll Schale sein, Inhalt soll Inhalt bleiben, er ändert nichts an der Schale. Spinat ist grün, Tee ist grün. So einfach ist das, sagt Young-Jae Lee.

Doch Vorsicht: Alles was wir hier besprochen haben, ist Young-Jae Lee bewusst. Mit den *Spinatschalen* hat sie ihren Kulturen-Konflikt thematisiert und auch uns, die Betrachter, Schreiberinnen, Sammler und Freundinnen auf diesen heiklen Themenkreis gestoßen. Das kam mit dem ihr eigenen Geschick für Konfrontation. Die *Spinatschale* ist eine Abrechnung mit dem Teeschalenkult, mit den ästhetischen, idealistischen oder sogar ideologischen Überfrachtungen der japanischen Teeschalen. Nicht von ungefähr kam die Idee zur Benennung *Spinatschale* in Japan zustande. Auf eine sublime Weise holte sie die entführte Reisschale wieder nach Korea zurück. So gesehen ist die *Spinatschale* auch eine Emanzipation.

Young-Jae Lee und wir könnten also mit der Idee einer gelungenen Rehabilitation zufrieden sein. Das aber ist noch nicht die ganze Geschichte. Seit etwa zehn Jahren gehört die *Spinatschale* nun in Young-Jae Lees Repertoire. Sie hat mit dieser ganz und gar das Nicht-Spezielle bezeichnenden Schale eine neue »Schalenspezies« geschaffen. Wie sie es heute versteht, konnte sie durch diese Arbeit und die sich daraus ergebenden Reflexionen den schwierigen geschichtlichen und persönlichen Ballast als etwas Zurückliegendes ablegen. Das Frühere kann mit dem Jetzigen bestehen, ohne es weiter zu beschädigen. Damit eröffnet sich ein Raum, in dem Young-Jae Lee in den wechselseitigen Aktionen und Reaktionen (Süd-)Koreas, Japans und des Westens positive und kreative Kräfte aufspüren kann – die Arbeits- und Gesprächsatmosphäre in der Werkstatt war und ist ja das Modell im Kleinen. Ein Raum, in dem sie, das ist das Befreiende, eine neue Verortung findet. So gesehen ist die *Spinatschale* eine Aussöhnung.

Nun können wir uns diesen Schalen zuwenden und fragen: Was für Schalen sind das eigentlich? Seit ungefähr 2008 gibt es die *Spinatschalen*. Young-Jae Lee sagt, es war einfach wunderbar, ohne jeglichen Druck zu drehen. Aus dieser Freiheit wächst den *Spinatschalen* eine frappierende Selbstverständlichkeit zu. Sie haben nicht viel mit den bisherigen edlen, distinguierten Schalen auf stolzem Fuß und weißen, grauen oder bläulichen Glasuren in ihrem Werk zu tun. Man könnte sie ihrer handfesten Erscheinung wegen geradezu eine Provokation nennen. Die Andersartigkeit drängt sich erst einmal als atmosphärische Wahrnehmung auf, ohne dass die formale Eigenart sogleich analysiert werden möchte.

Was macht nun die *Spinatschale* formal völlig anders? Young-Jae Lee hat vor allen Dingen den Schalen den Fuß genommen. Nicht, dass die *Spinatschalen* gar keinen Fuß hätten, aber als Formelement, als prominenter Teil des Ganzen wie bei ihren Porzellanschalen, tritt er merklich zurück. Er ist (bei den meisten Schalen) nicht mehr als ein simpler Standring, und wenn die Schale vor einem steht, gar nicht zu sehen. Das gibt ihr Bodenständigkeit – was aber nicht als Gediegenheit zu interpretieren ist. Der Schalenteil selbst breitet sich bauchig nach oben aus; im Prinzip hat er eine Schüsselform, die breiter als hoch ist. Das erweckt den Eindruck, dass die Schalen sich eher horizontal als vertikal ausrichten. Insgesamt haben die *Spinatschalen* eine fast einheitliche Größe zwischen 7 und 8,5 Zentimetern Höhe und einen Durchmesser von 11 bis 12 Zentimetern. Nicht nur bezüglich ihrer Maße, auch formal weichen sie nicht auffallend voneinander ab. Rundbauchig – niemals konisch oder trompetenartig – geht die Kontur mehr oder weniger gerade und sich ein wenig schließend, manchmal auch mit einem andeutungsweisen, leichten Schwung in den Rand über. Mitunter sind Formen der Bettelmönchsschalen zu erkennen, wenn sich die Wandung im oberen Drittel rund und leicht nach innen zieht, um dann mit einer Lippenandeutung abzuschließen. Im Inneren des Bodens zeigen sie schneckenartige oder konzentrische Drehspuren. Trotz einer gewissen Gleichheit aller *Spinatschalen* hat eine jede ihren eigenen Charakter. Was ihnen ihre Eigenheit verleiht, sind die Glasuren. Auffallend sind rustikal anmutende, erdig braun-rötliche, durch starke Reduzierung im Brand ins Metallische umschlagende Tönungen. Andere Schalen haben weißliche bis lichtbraune Glasurtönungen, reichlich gesprenkelt mit schwarzen, kleinen und großen fleckenartig ausgeschmolzenen Eiseneinschlüssen. Hier intensivieren die innen wie außen in gleicher Weise aufgetragenen Glasuren in besonderem Maße die Einheit von Gestalt und Oberfläche und bewirken den kompakten, kraftvollen Charakter dieser Schalen. Seltener sind weiße, graue oder ins Eisbläuliche neigende Glasuren, die wir auch von den früheren

Schalen der Künstlerin kennen. Anders als dort wirken sie im Zusammenklang mit der zwingend einfachen Form verhalten, wobei vereinzelte schwarze Eisenpünktchen nicht etwa als kleine Zufälligkeiten, sondern als gewollt natürlich gedeutet werden können. Dann gibt es auch noch Überraschungen: graue bis bläuliche Craqueléglasuren, die im Brand einen dunklen Reif an Schalenrand und -fuß erhalten haben, durchscheinende ockerfarbene und schließlich weiße Glasuren, die dünn aufgetragen in orange Tönungen umschlagen. Insgesamt sind die Glasuren der *Spinatschalen* das Gegenteil von edel, von fein, aber sie sind tief und vielschichtig. Besonders ist dies bei den mit Eisenflecken durchsetzten Craqueléglasuren der Fall. Wir sehen, die Glasurpalette ist vielfältig, die Form bleibt im Wesentlichen konstant. Stehen viele dieser Schalen zusammen – Young-Jae Lee dreht keine kleinen Serien, sie liebt es, Gefäße hundertfach zu drehen, denn in der Wiederholung entsteht das Mannigfaltige –, so erkennen wir ihr typisches, im Grunde genommen koreanisches Gestaltungsprinzip der kleinen Abänderungen. Eine jede *Spinatschale* hat große Konzentration in sich und sie hat, was man ihr ob ihrer doch alltäglichen, unaufgeregten Form auf den ersten Blick nicht so ganz zutraut: Präsenz. Zugegeben, die Verwunderung über solche simplen Schalen war groß, vermissen wir doch an ihnen das herausragend Gestalterische und haben wir doch einen hohen Anspruch an die exquisite Erscheinung von Young-Jae Lees bisheriger Schalenproduktion. Aber in diesem »Mangel« liegt die Überraschung, das Unvorhersehbare.

Nun eine letzte Frage: Wie können wir die *Spinatschale* in Young-Jae Lees Schaffen einordnen? Bedenken wir: Sie ist eine koreanische Keramikerin. Auch wenn sie ihre gestalterische Ausbildung in Deutschland erhalten hat und in der europäischen Kunst und Kultur verankert ist – die Urbilder ihres Schaffens bezieht sie aus der koreanischen Keramik. Ihr Begriff von Schönheit und Kunstschaffen ist von der koreanischen Ästhetik mitgeformt. Als Young-Jae Lee mit den Schalen in den sanften hellen Glasuren begann, hat sie sich auf das Joseon-Porzellan eingelassen. Ihre *Spindelvasen* sind eine Auseinandersetzung mit den großen, weißen, rund-ovalen Vorratsgefäßen, die modern als »Mondtöpfe« bezeichnet werden. Bei aller Distanz, die Young-Jae Lee zur koreanischen Keramik zu halten weiß, wirken in ihren Porzellangefäßen die Joseon-zeitlichen ästhetischen Idealpaare des Einfachen und Edlen, des Emotionalen und des Beherrschten, der Vielfalt im Gleichen und dem Abweichen vom Normativen. Was sie als *Zylindervasen* betitelt, eine Bezeichnung, die eine westliche, exakte Form suggeriert, sind eigentlich der koreanischen Ästhetik entsprechende, in Bewegung befindliche Formen. Die *Spinatschalen* können wir in die Linie der Buncheong-Keramik einordnen. Vom Formalen her ist das nicht zu erklären, denn es gibt keine Vorbilder. Vielmehr verbindet die *Spinatschalen* und die Buncheong-Keramik etwas Atmosphärisches. Buncheong-Keramik war seinerzeit eine Erneuerung, ein Aufbrechen eines verkrusteten Schönheitsideals, eine Umorientierung vom Elitären zum Alltäglichen, was eine robuste und geradezu unvorhersehbare Kreativität hervorbrachte. Bei Young-Jae Lee würde ich es das Nicht-Intentionale nennen, das durch die Befreiung von emotionalen und ideellen Zwängen (und auch von den Erwartungen der Betrachter und Betrachterinnen, der Benutzerinnen und Benutzer) seinen Weg zu einer kraftvollen Verwirklichung nahm. Mit den *Spinatschalen* rückte sie von ihren edlen, distinguierten Porzellanen und Steinzeugen ab. Sie nahm den Faden – eher ist es ein Seil – einer Wende auf, die seinerzeit die robusten, eigensinnigen Charakterzüge der Koreaner gestalterisch unkonventionell hatte spielen lassen. Aber wir müssen genauer sein: Wenn man sich die Buncheong-Keramik mit ihren kühnen Bemalungen vor Augen führt, so findet sich die Parallele zu ihr bereits in den *Zylindervasen*, und auch in den großen Schalen, die Young-Jae Lee mit schwarzen Pinselstrichen nonchalant bemalt hat. Von dieser Verve ist in den *Spinatschalen* weniger zu spüren. Die *Spinatschale* ist in diesem Sinne ein Bekenntnis zum Einfachen, fast bäuerlich Einfachen, zum täglichen Gebrauchen, für Speisen wie für Getränke – auch für Tee. Sie ist damit jedwede und jedermanns Schale.

Einmal mehr beweist sich Young-Jae Lee mit den *Spinatschalen* als koreanische Keramikerin – des Joseon-Porzellans *und* der Buncheong-Keramik, zweier Ausdrucksweisen ein und derselben Kultur.

Die *Spinatschale* ist eine Abrechnung, eine Ironisierung eines Konflikts, eine Emanzipation, eine Aussöhnung. Sie ist ein Ergebnis mit offenem Ende.

DANKSAGUNG

Ich danke Annette Siegel für das einfühlsame Lektorat, Burglind Jungmann für die Durchsicht vor allem der koreanischen Themen und Shoko Ishioka für die der japanischen Themen. Einige Vorschläge von Günter Figal zur Präzisierung von Sachverhalten habe ich berücksichtigt.

ANMERKUNGEN

1 *Chanoyu* kann wörtlich als »heißes Wasser für den Tee« übersetzt werden. Der Begriff Teezeremonie ist missverständlich. Das Teetrinken folgt zwar festgelegten Regeln, kann aber nicht wirklich als zeremonielle Handlung bezeichnet werden. Vgl. Franziska Ehmcke, Der japanische Tee-Weg. Bewusstseinsschulung und Gesamtkunstwerk, Köln 2005, S. 7. Ich werde im Folgenden möglichst entweder vom Tee (als Weg) oder vom Teetrinken sprechen.

2 Sōetsu Yanagi, Die Schönheit der einfachen Dinge. Mingei. Japanische Einsichten in die verborgenen Kräfte der Harmonie, Bergisch Gladbach 1999, S. 194–203.

3 Dies kam allerdings größtenteils den Japanern zugute, die den koreanischen Antiquitätenmarkt leerkauften [Anm. d. Autorin].

4 In der koreanischen Geschichtsschreibung gibt es zum Thema Tee in der Joseon-Zeit unterschiedliche Auffassungen. Zumeist wird angenommen, dass in der Gelehrtenschicht kein Interesse am Konsum von Tee bestanden habe. Die im Folgenden skizzierte Geschichte von Jeong Yak-yong, Seonsa Cho-ui und Jeong-hui Kim spricht eher dagegen. Für das einfache Volk war Tee vermutlich schlichtweg zu teuer. Es wird von Tributlieferungen und einer hohen Besteuerung des Teeanbaus berichtet.

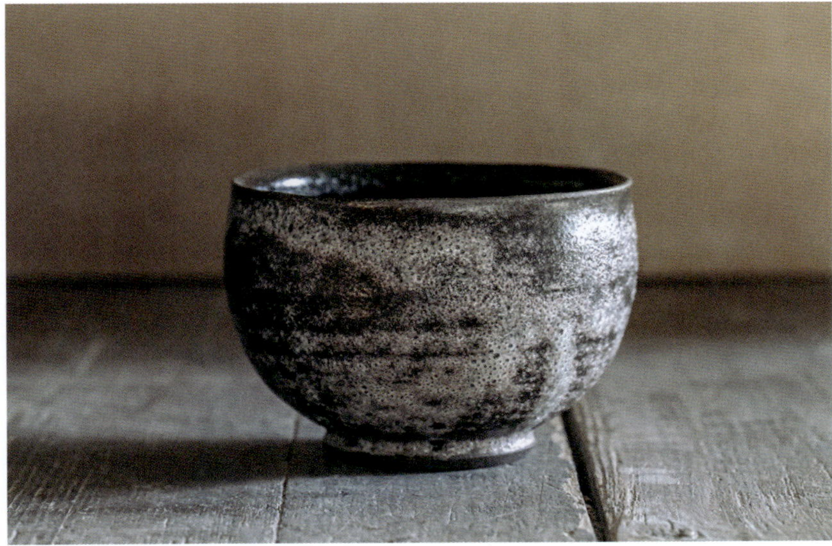

16 Young-Jae Lee, *Spinatschale*, 2015, H. 9,7 cm, D. 13,6 cm, Keramische Werkstatt Margaretenhöhe, Essen

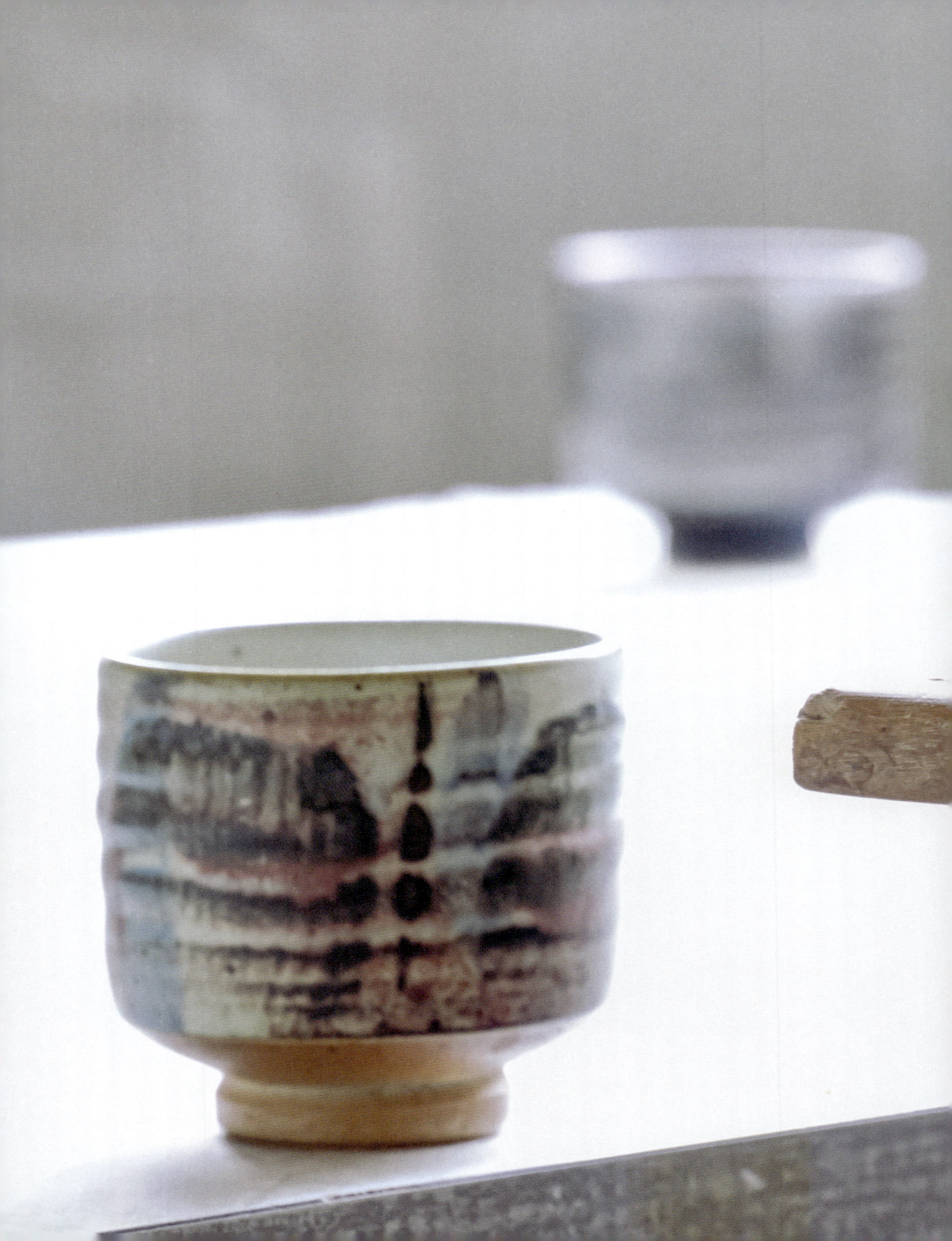

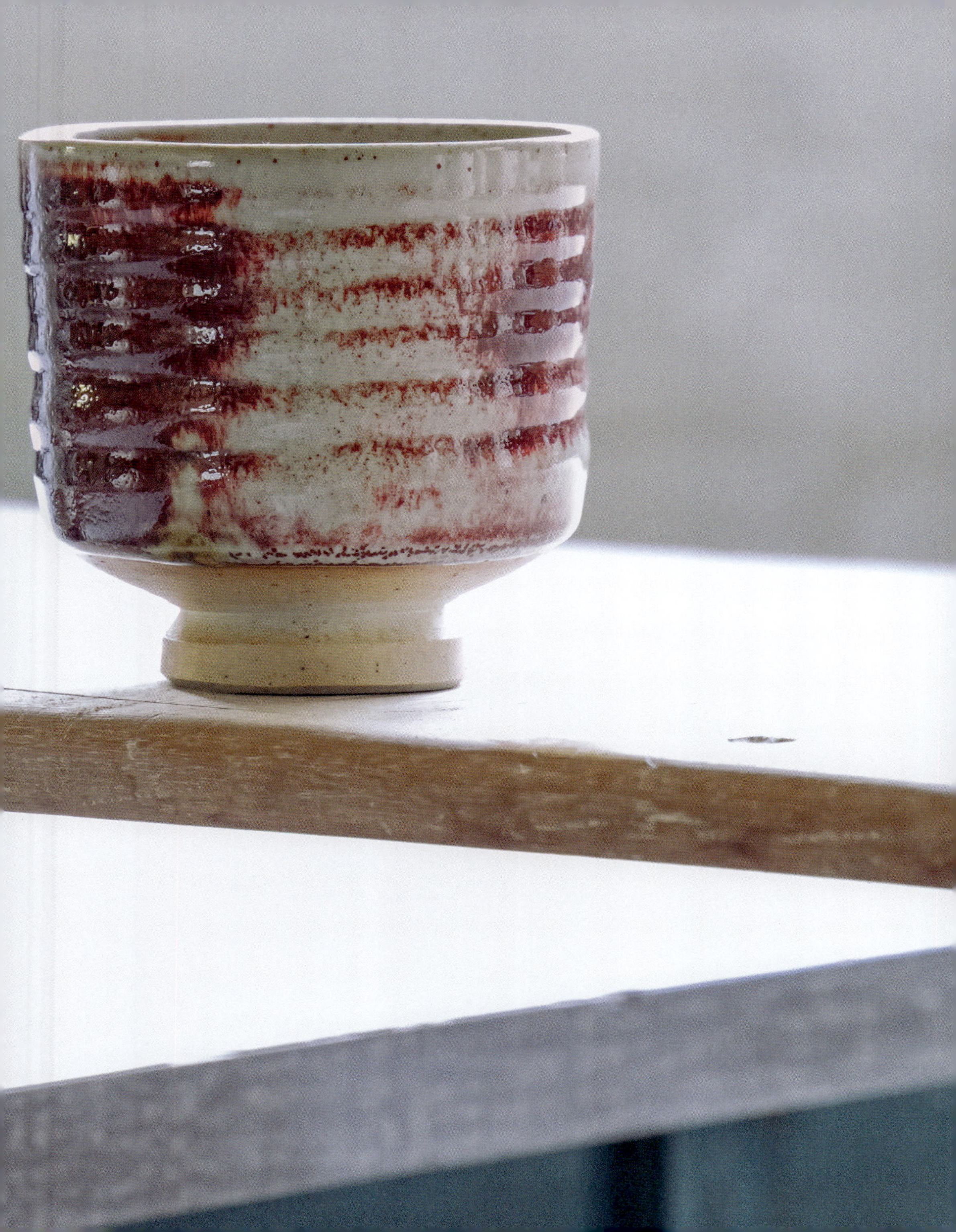

<

1995
H. 9,7 cm, D. 9,5 cm
Porzellanhaltiges Steinzeug
Kupferreduktion
Holzofen

1995
H. 10 cm, D. 10,1 cm
Porzellanhaltiges Steinzeug,
schwarz engobiert
Kupferreduktion
Holzofen

>

1993
H. 8,5 cm, D. 7,7 cm
Steinzeug
Magnesium-Feldspatglasur,
schwarz engobiert
Holzofen

ZU DEN ABBILDUNGEN

Die abgebildeten Gefäße zeigen die Entwicklung von Young-Jae Lees Œuvre hin zu den *Spinatschalen*, von den zylindrischen Bechern der 1990er-Jahre [ABB. S. 60–65] über konische Formen [ABB. S. 66–77] bis hin zu den typisch bauchigen Kummen um 2006 und den *Spinatschalen* der Jahre nach 2008 [ABB. S. 78 ff.].
Alle Stücke wurden bei rund 1280 Grad Celsius in reduzierender Atmosphäre gebrannt.

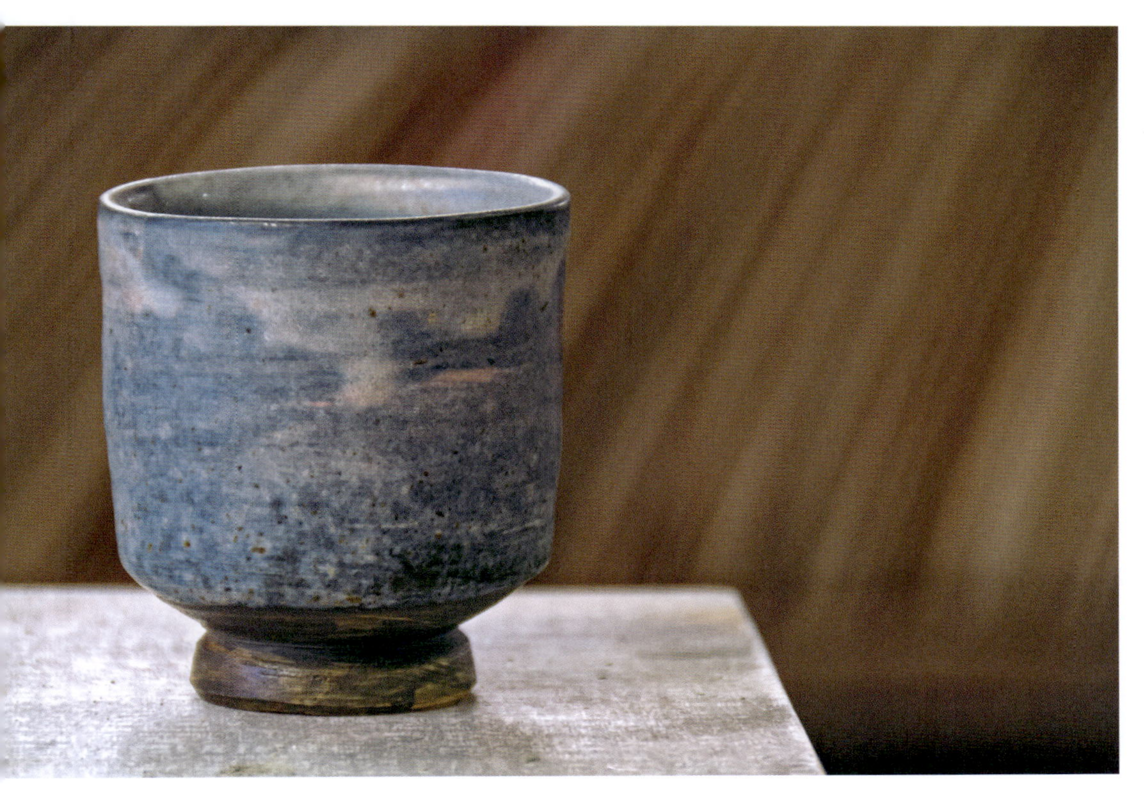

um 2000
H. 10,5 cm, D. 7,8 cm
Porzellanhaltiges Steinzeug
Shinoglasur
Holzofen

um 2000
H. 8,5 cm, D. 7,6 cm
Porzellanhaltiges Steinzeug
Shinoglasur
Holzofen

um 2000
H. 10,3 cm, D. 8,1 cm
Porzellanhaltiges Steinzeug
Shinoglasur
Holzofen

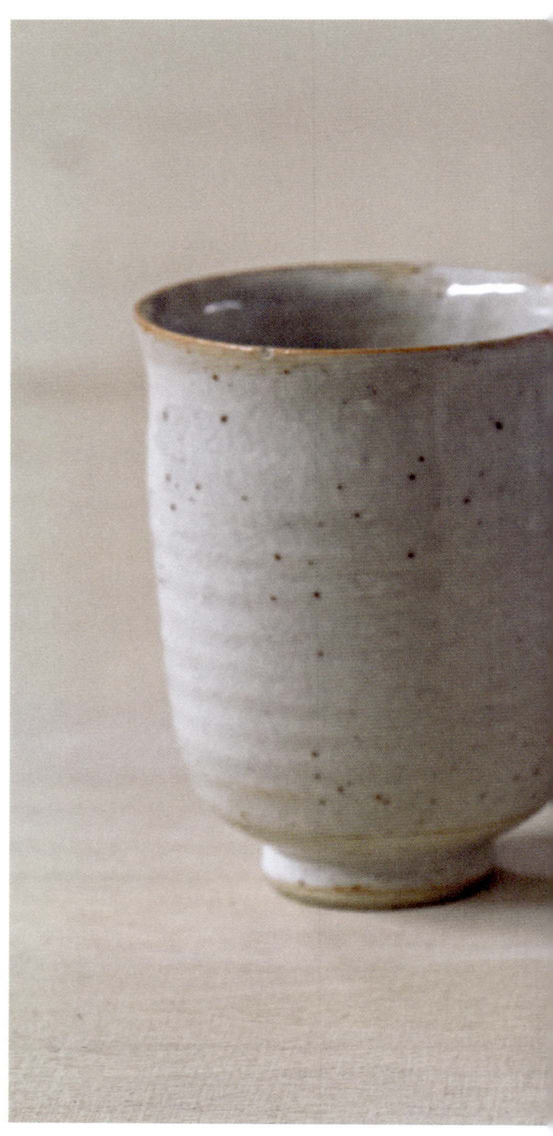

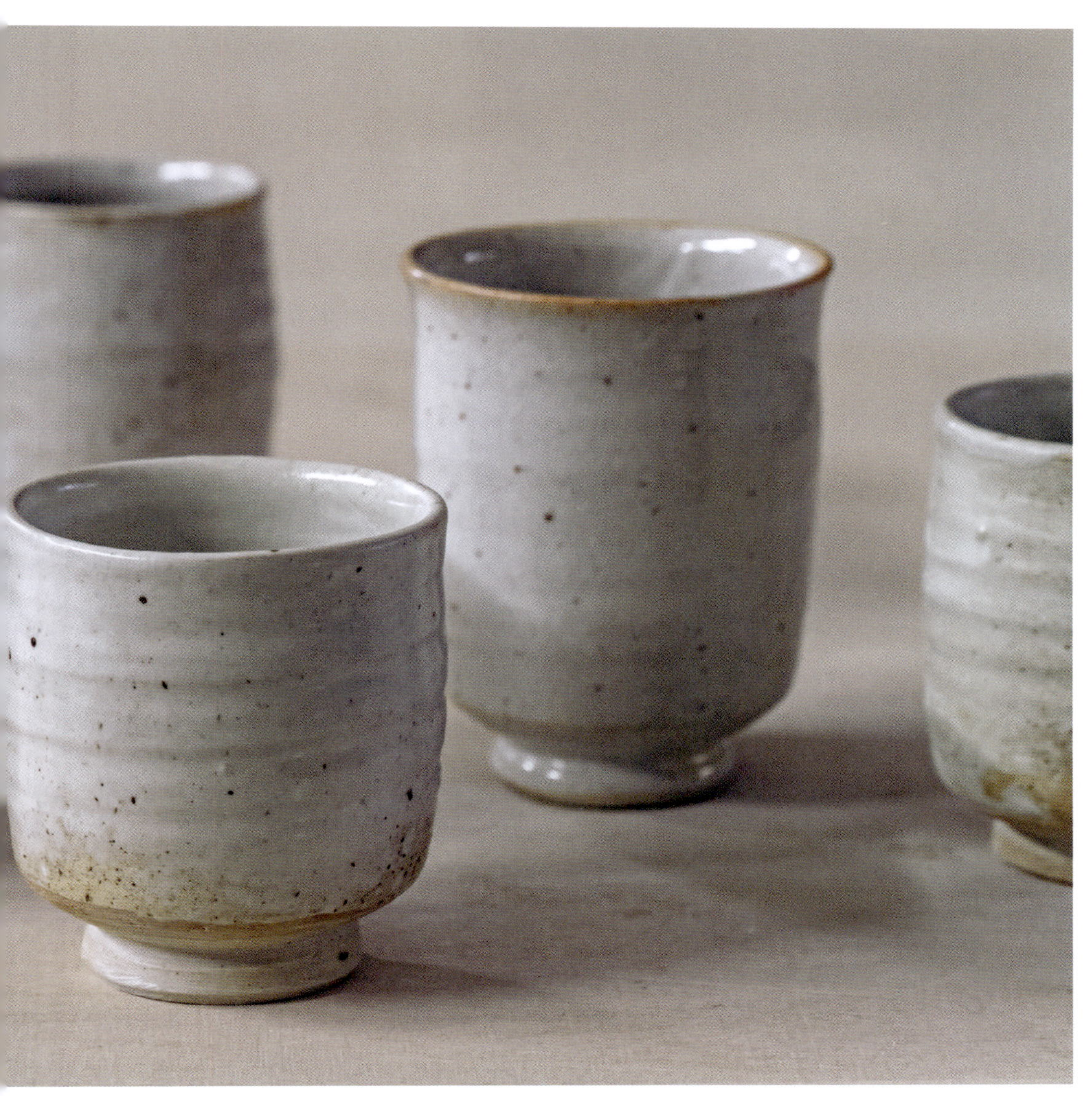

2011
H. 8,6 cm, D. 18,3 cm
Chrome-Engobe
Craqueléglasur
Gasofen

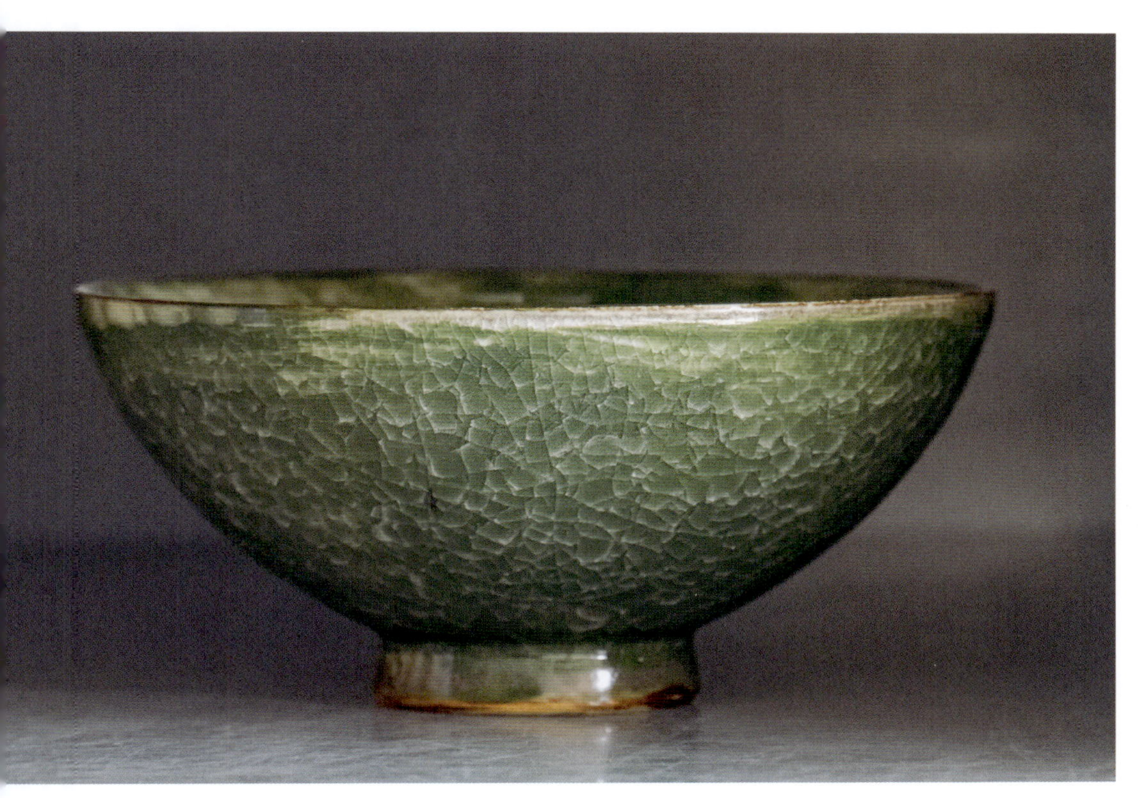

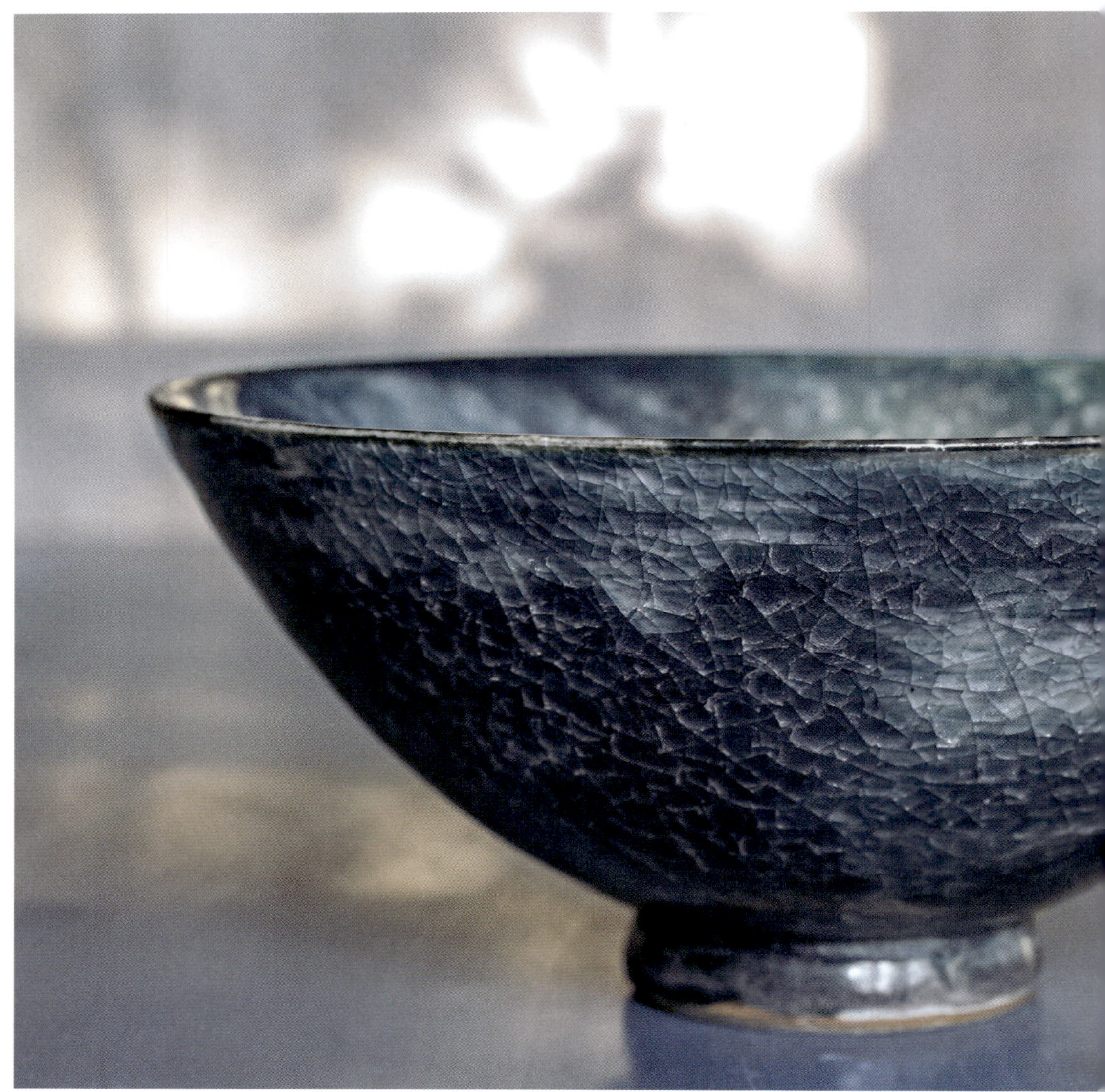

2011
H. 10 cm, D. 21,2 cm
Steinzeug
Kobaltengobe
Craqueléglasur
Gasofen

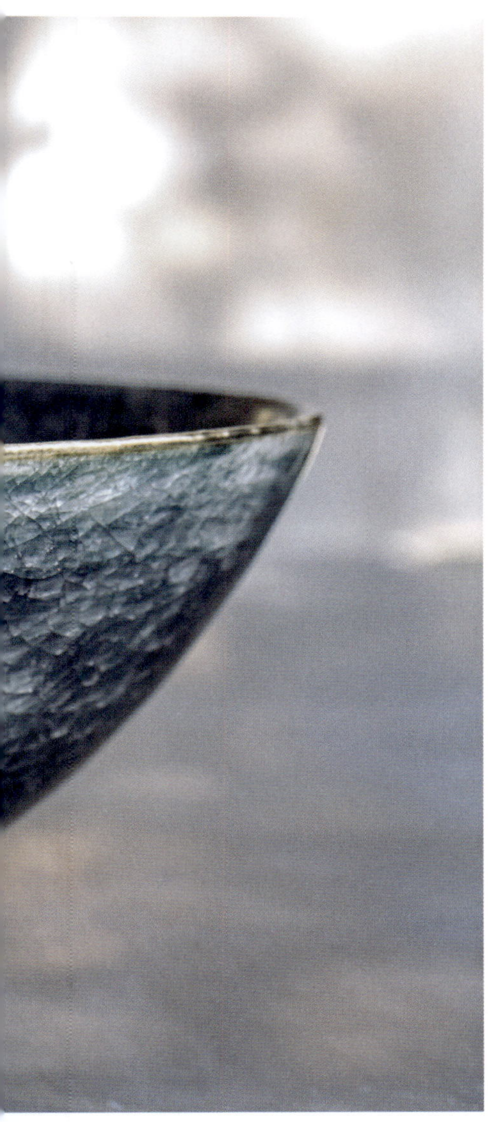

1997
H. 9,9 cm, D. 17,6 cm
Porzellanhaltiges Steinzeug
Craqueléglasur
Gasofen

1996/97
H. 10,2 cm, D. 19 cm
Porzellanhaltiges Steinzeug
Craqueléglasur
Gasofen

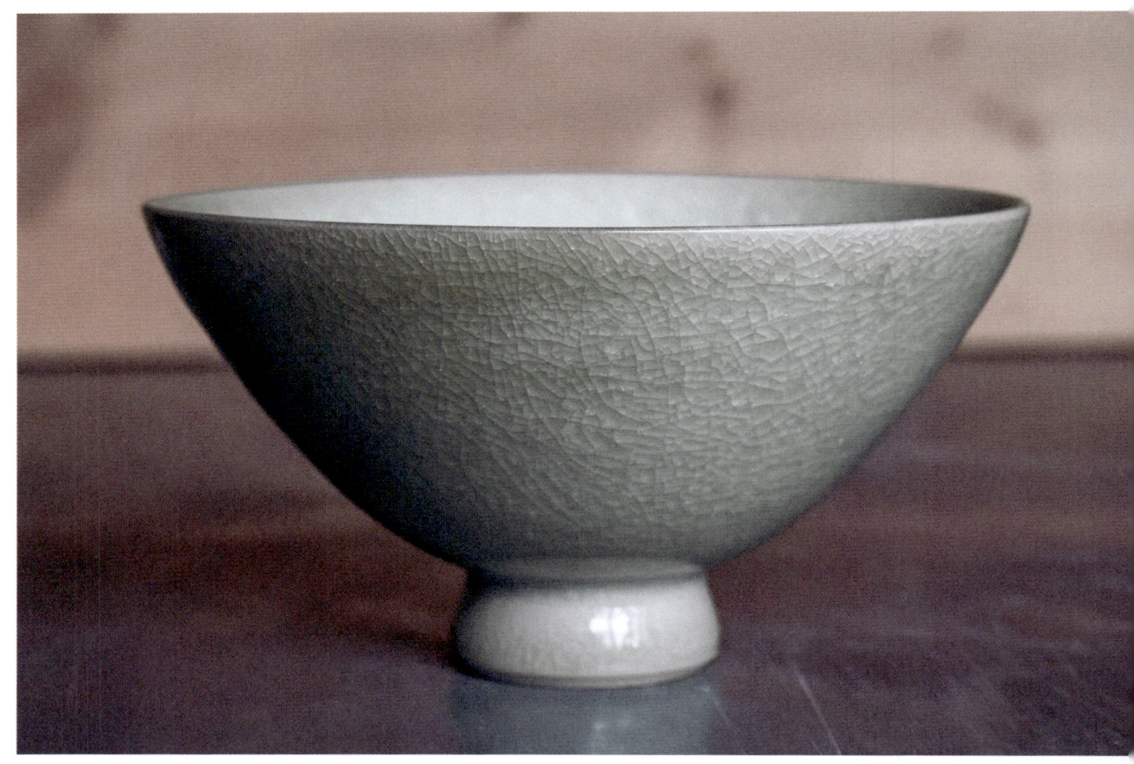

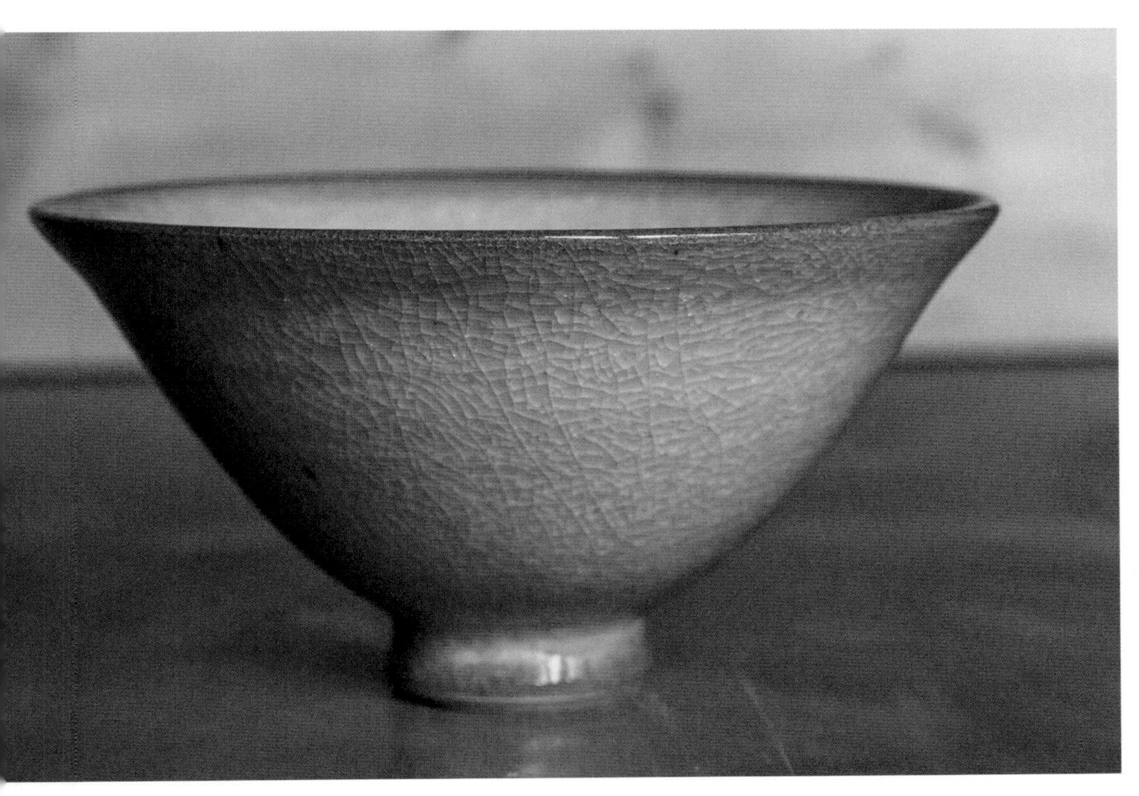

1996
H. 12 cm, D. 25,6 cm
Porzellanhaltiges Steinzeug
Asche-Feldspatglasur
Gasofen

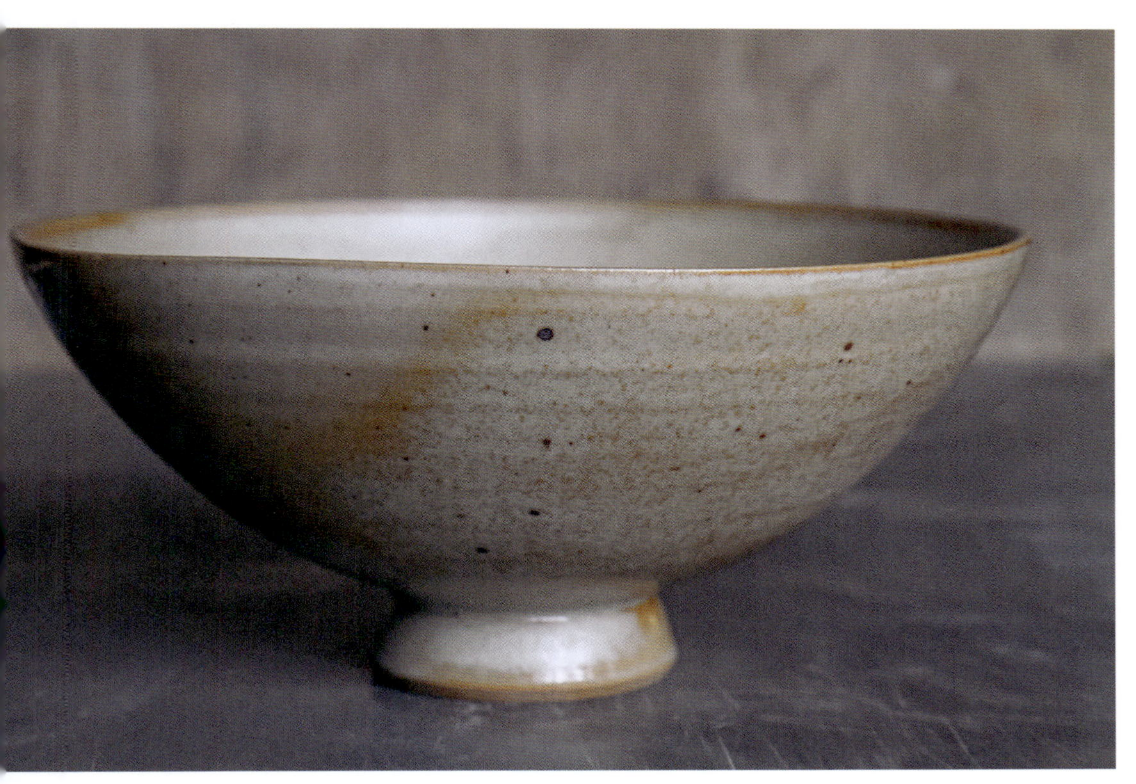

2000
H. 10,1 cm, D. 15,5 cm
Porzellanhaltiges Steinzeug
Craqueléglasur
Gasofen

1996/97
H. 11,1 cm, D. 17 cm
Porzellanhaltiges Steinzeug
Craqueléglasur
Gasofen

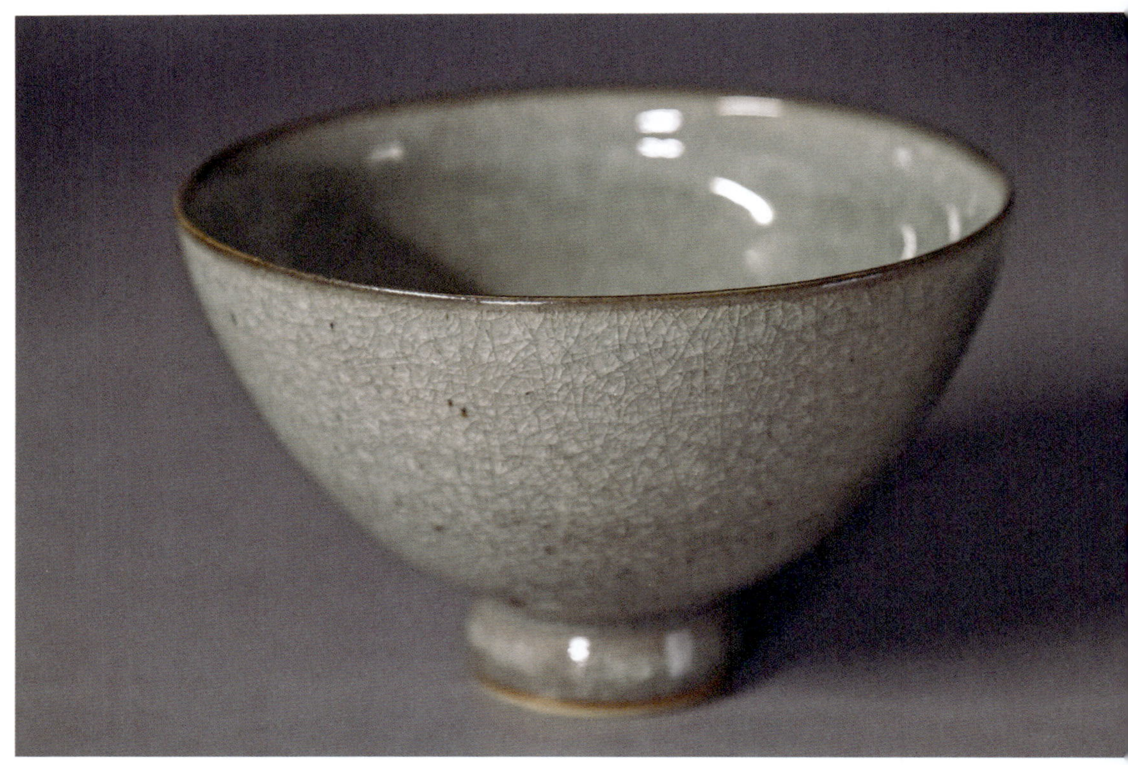

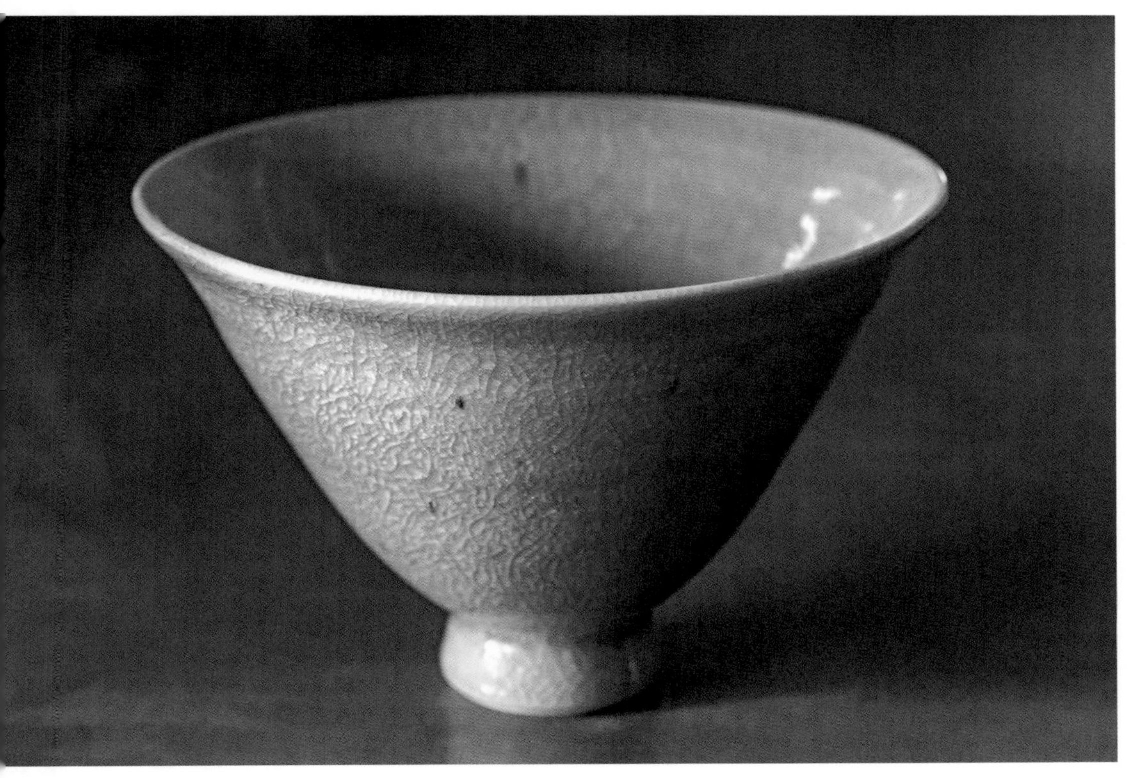

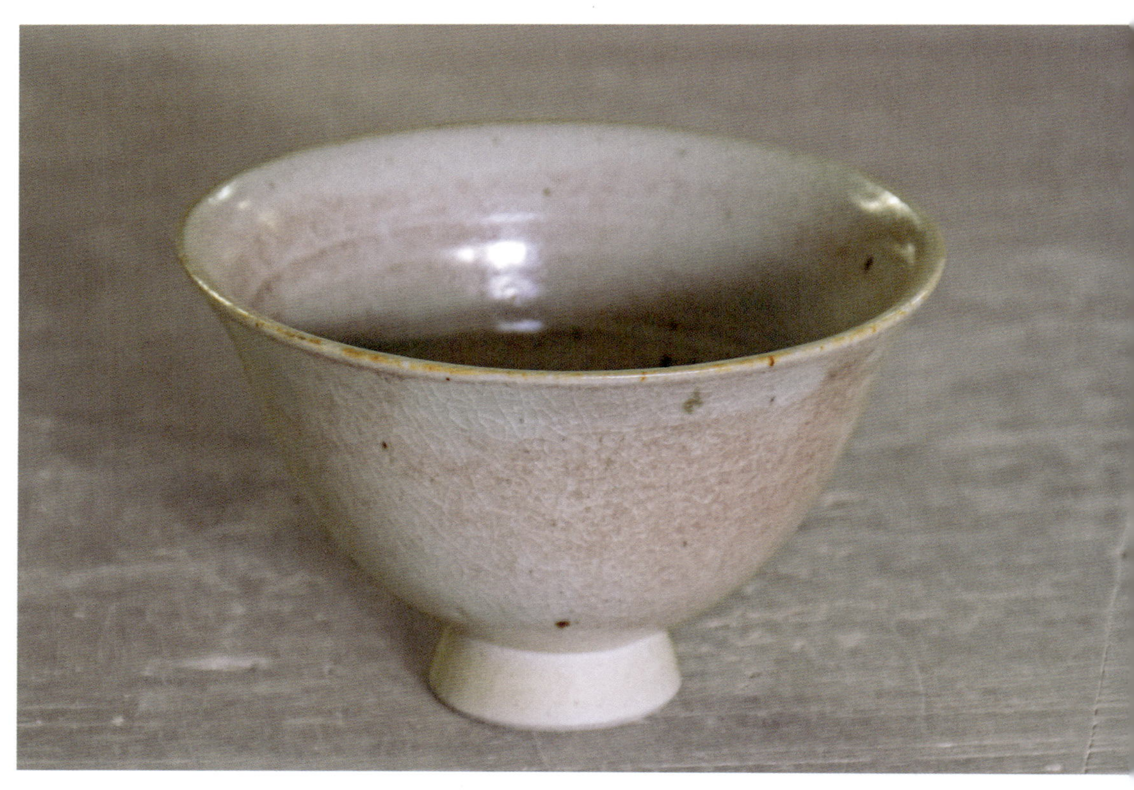

1996/97
H. 9 cm, D. 14 cm
Porzellanhaltiges Steinzeug
Holzofen

2008–2018
H. 8,4 cm, D. 11,8 cm
Porzellanhaltiges Steinzeug
Craqueléglasur, schwarz engobiert
Kupferanflug
Gasofen

2008–2018
H. 8,8 cm, D. 11,8 cm
Porzellanhaltiges Steinzeug
Craqueléglasur, schwarz engobiert
Kupferanflug
Gasofen

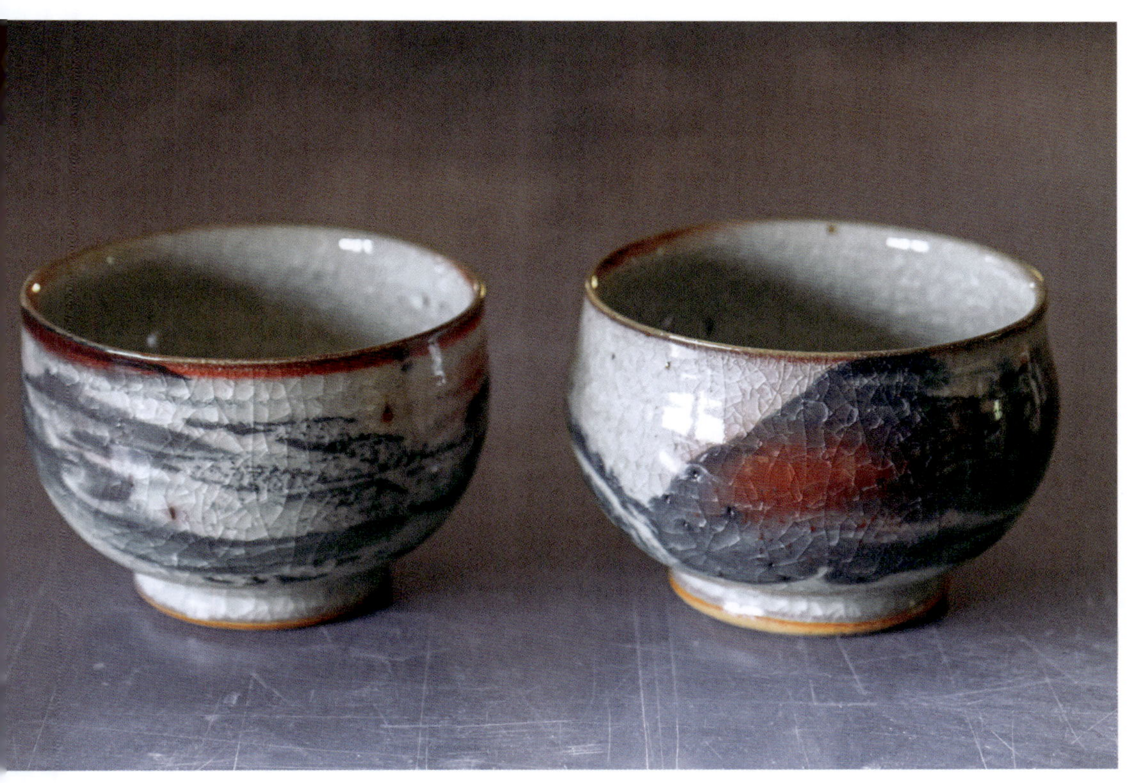

2003
H. 9,5 cm, D. 12,4 cm
Porzellanhaltiges Steinzeug
Craqueléglasur
Gasofen

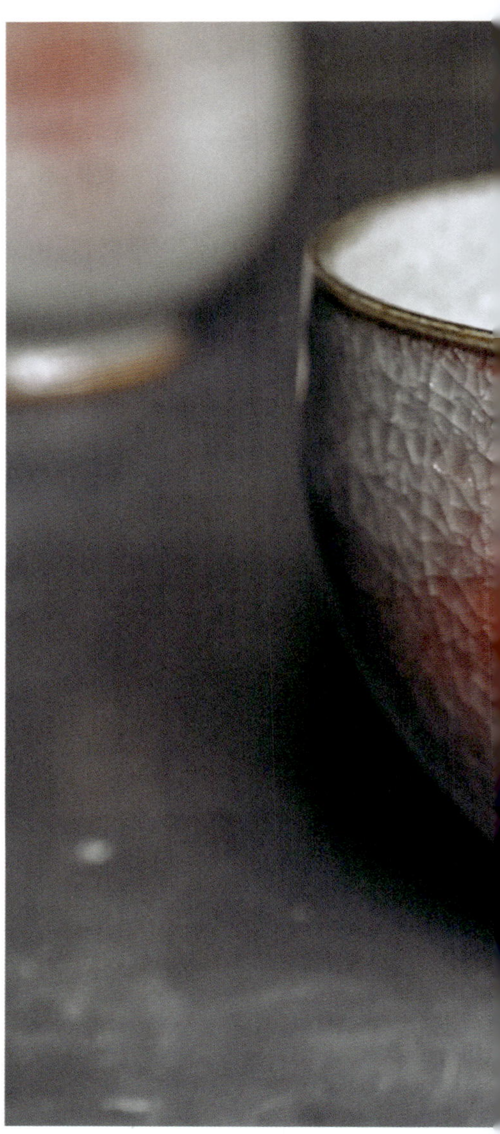

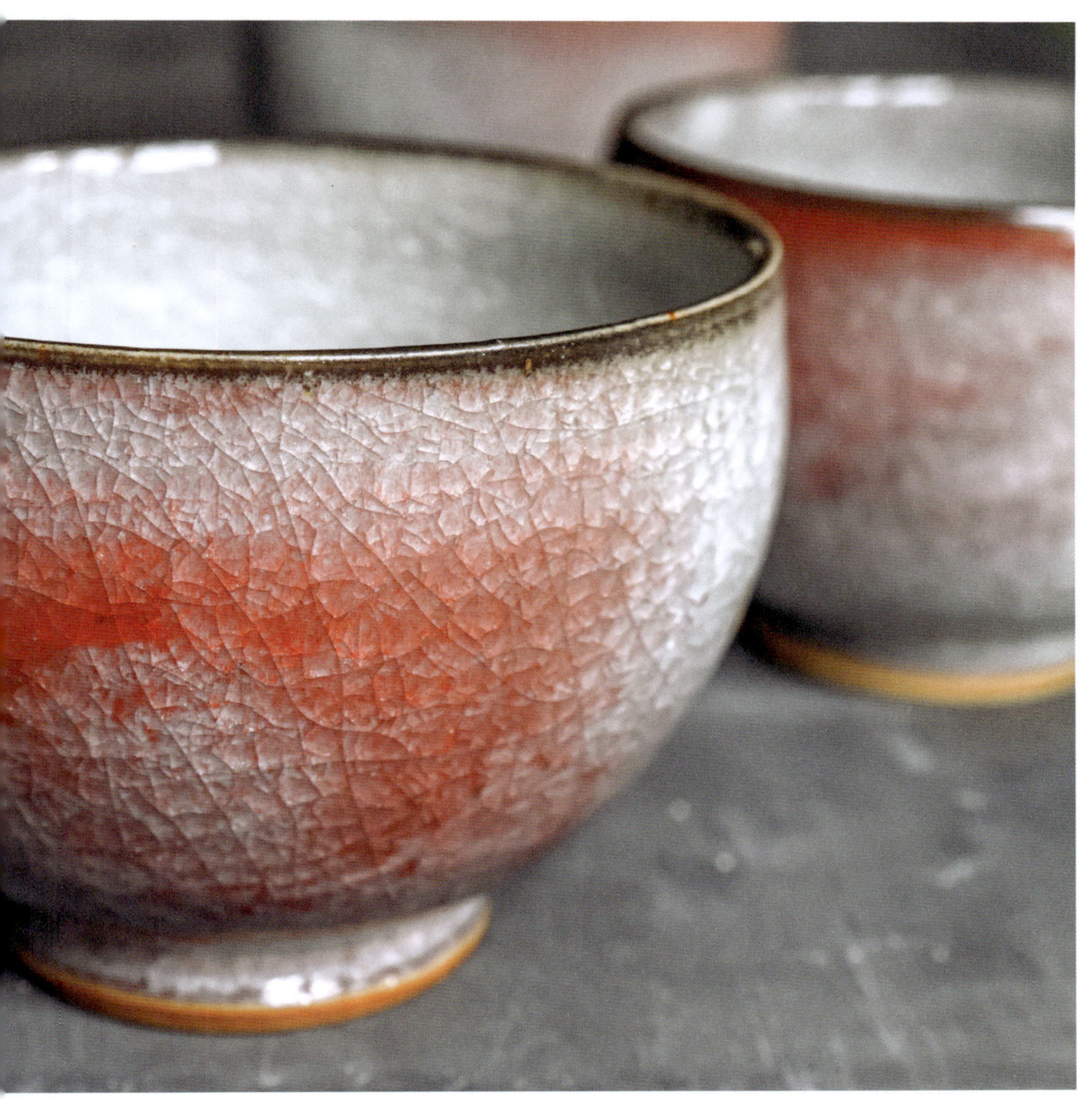

2008–2018
H. 9 cm, D. 12 cm
Porzellanhaltiges Steinzeug
Ascheglasur
Kupferreduktion
Gasofen

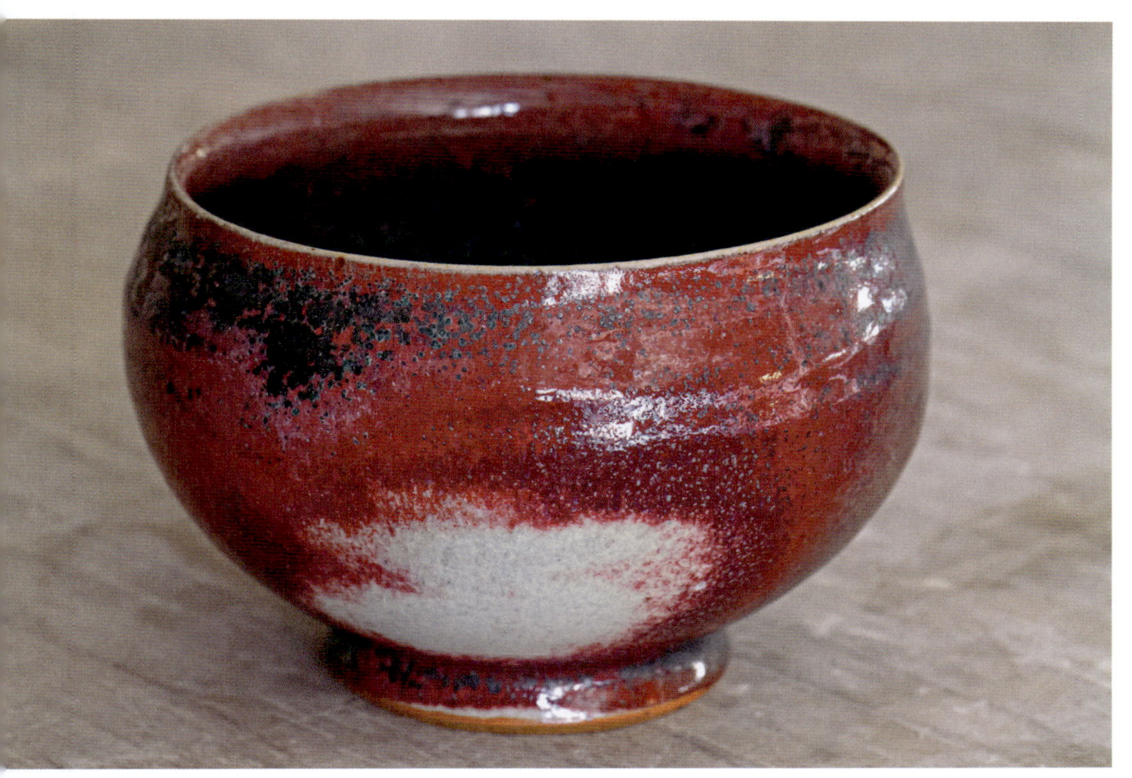

2008–2018
H. 10 cm, D. 13,5 cm
Steinzeug mit Mangan
Craqueléglasur
Gasofen

2008–2018
H. 9,8 cm, D. 13,7 cm
Steinzeug mit Mangan
Craqueléglasur
Gasofen

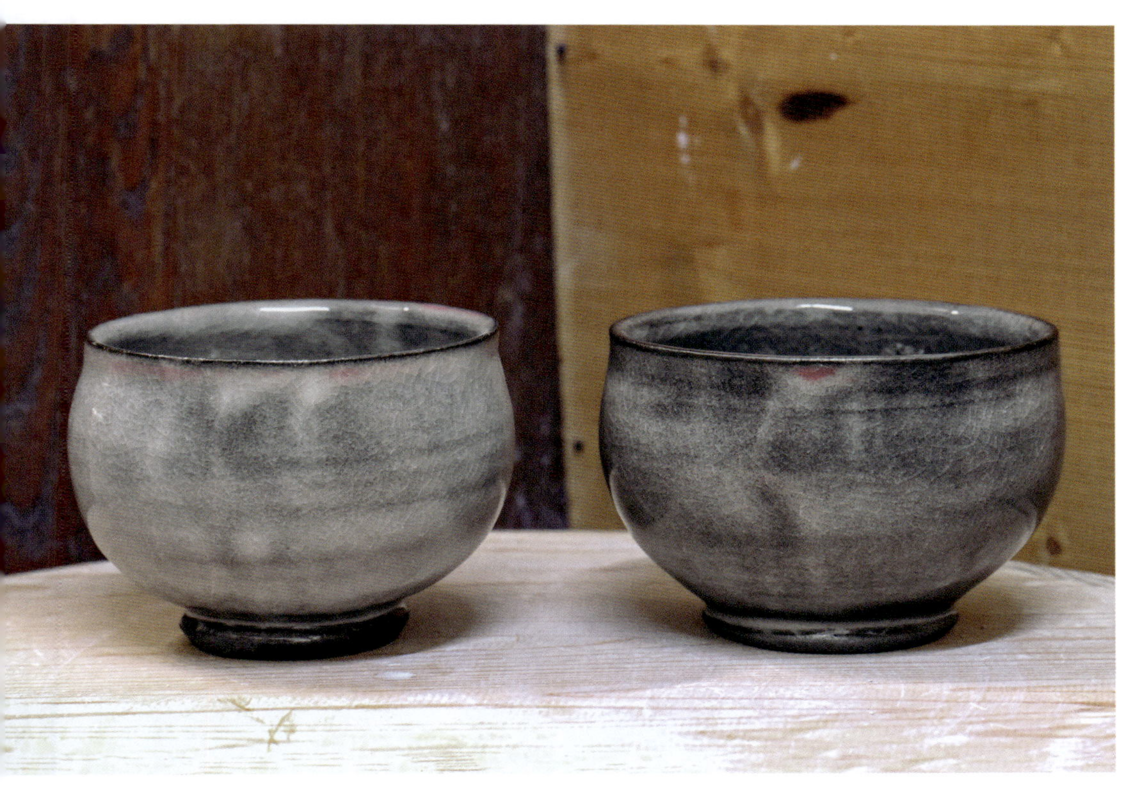

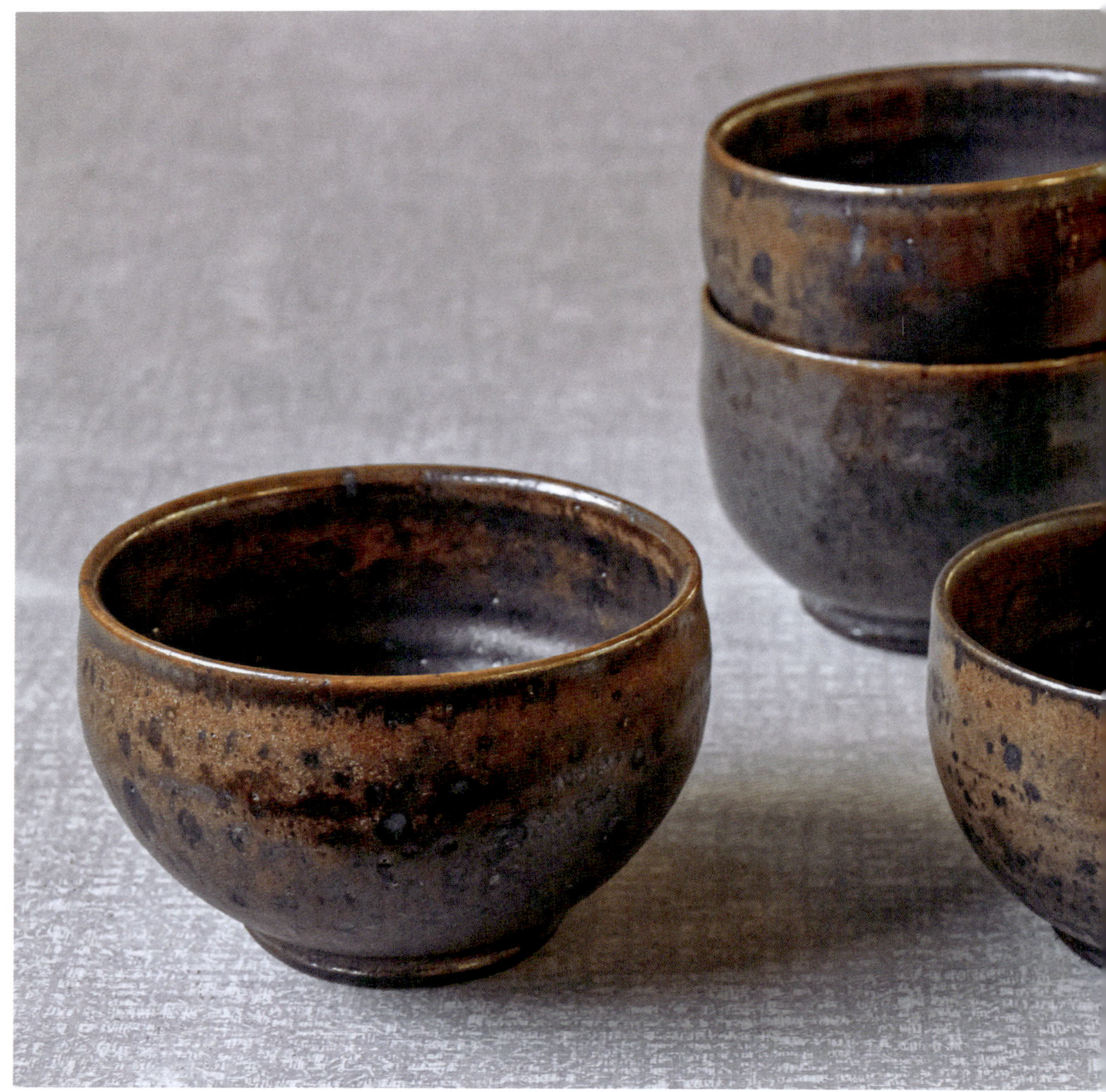

2012
H. 8,5 cm, D. 12,8 cm
Steinzeug mit Mangan
Asche-Feldspatglasur
Gasofen

2012
H. 7,7 cm, D. 12,6 cm
Steinzeug mit Mangan
Asche-Feldspatglasur
Gasofen

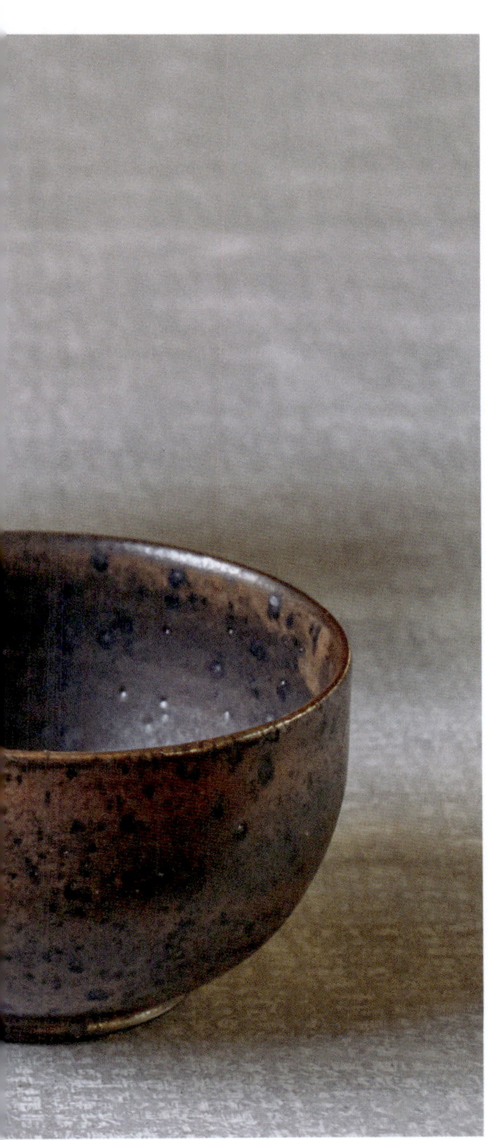

2008–2018
H. 8,8 cm, D. 11,3 cm
Porzellanhaltiges Steinzeug
Ascheglasur
Gasofen

2008–2018
H. 8,2 cm, D. 12,1 cm
Porzellanhaltiges Steinzeug
Ascheglasur
Gasofen

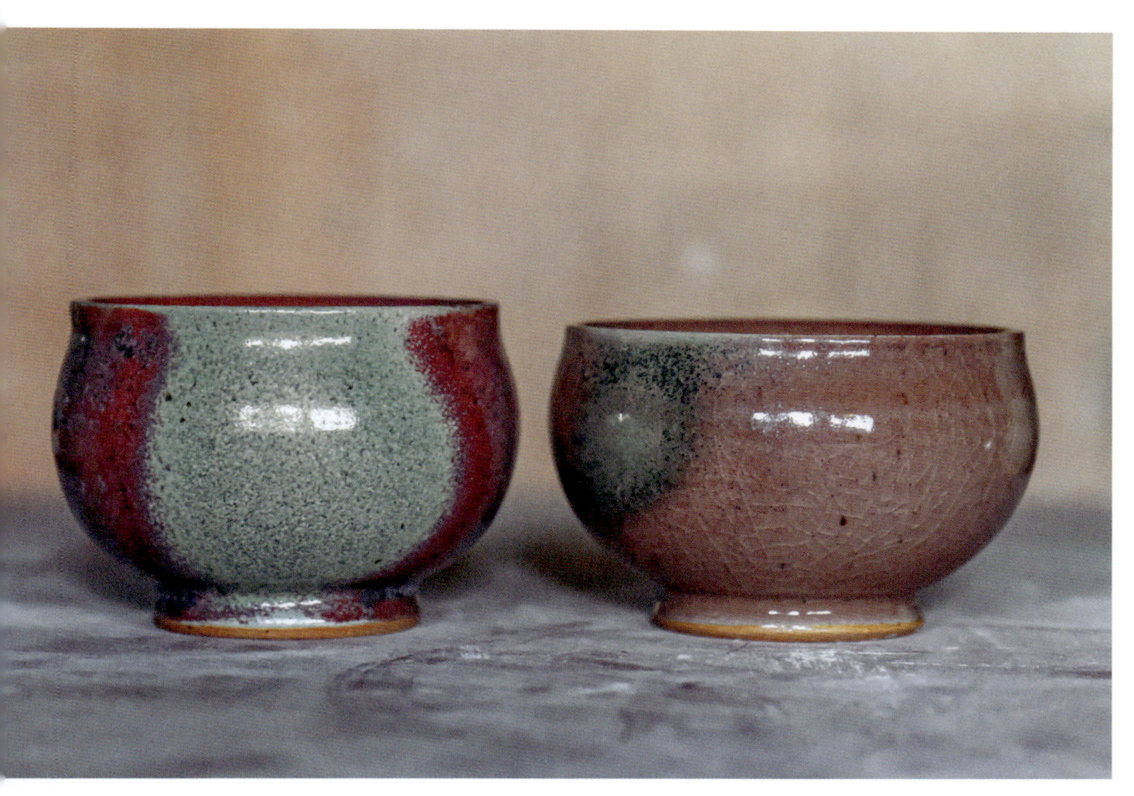

2008
H. 9,1 cm, D. 13,8 cm
Manganmasse
Feldspatglasur
Gasofen

2008
H. 9,4 cm, D. 13,7 cm
Steinzeug
Kupferanflug
Gasofen

2008
H. 10,5 cm, D. 13,4 cm
Steinzeug
Kupferanflug
Gasofen

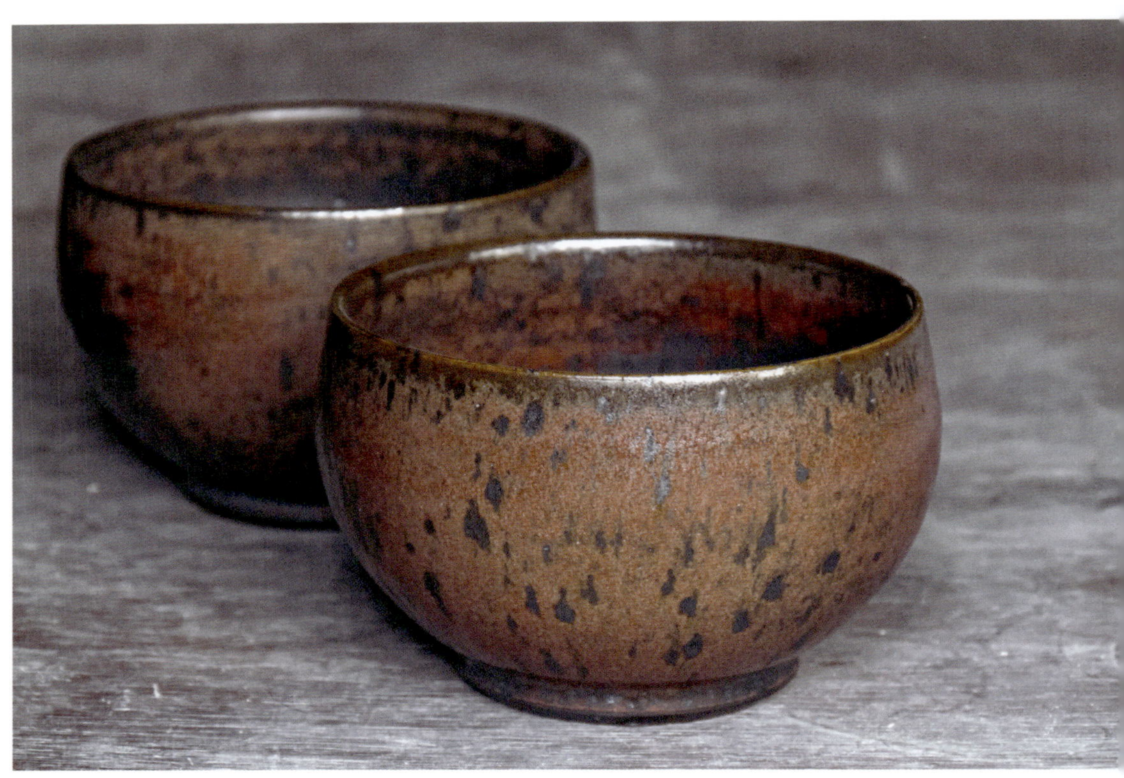

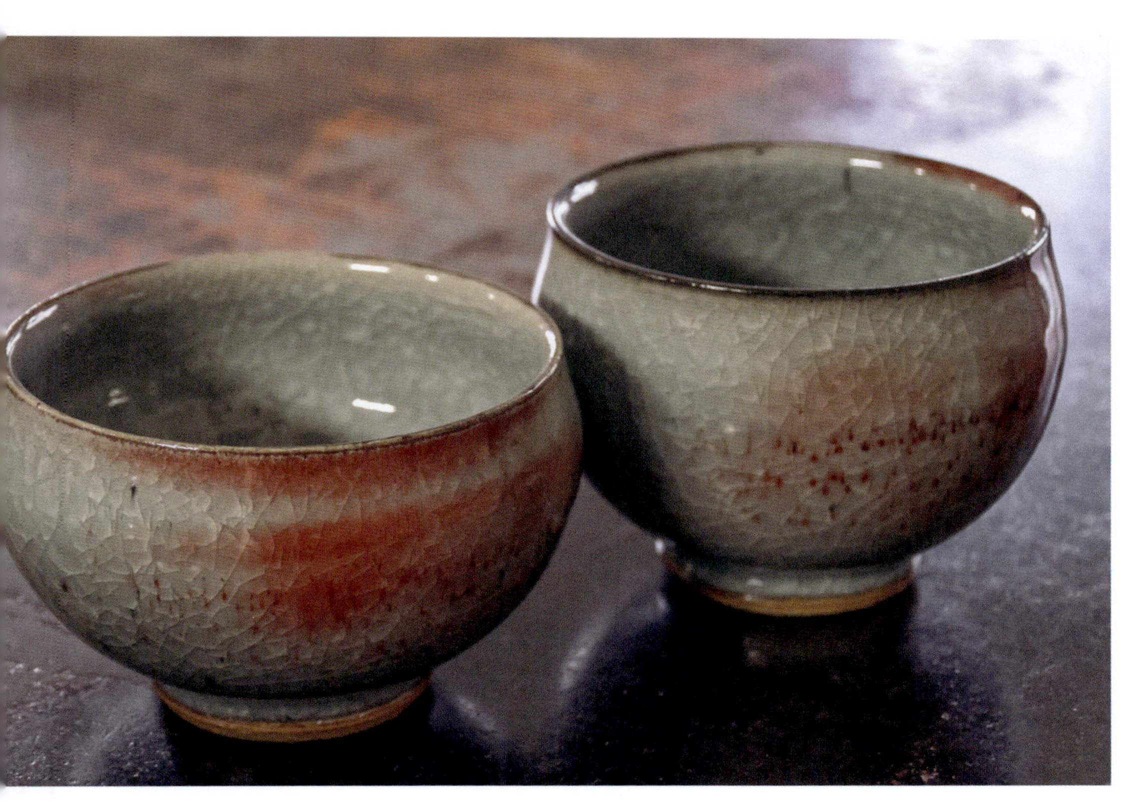

2010
H. 8,8 cm, D. 12,2 cm
Steinzeug mit Mangan
Asche-Feldspatglasur
Gasofen

2010
H. 7,8 cm, D. 11,1 cm
Steinzeug mit Mangan
Asche-Feldspatglasur
Gasofen

2010
H. 8,1 cm, D. 11,3 cm
Steinzeug mit Mangan
Asche-Feldspatglasur
Gasofen

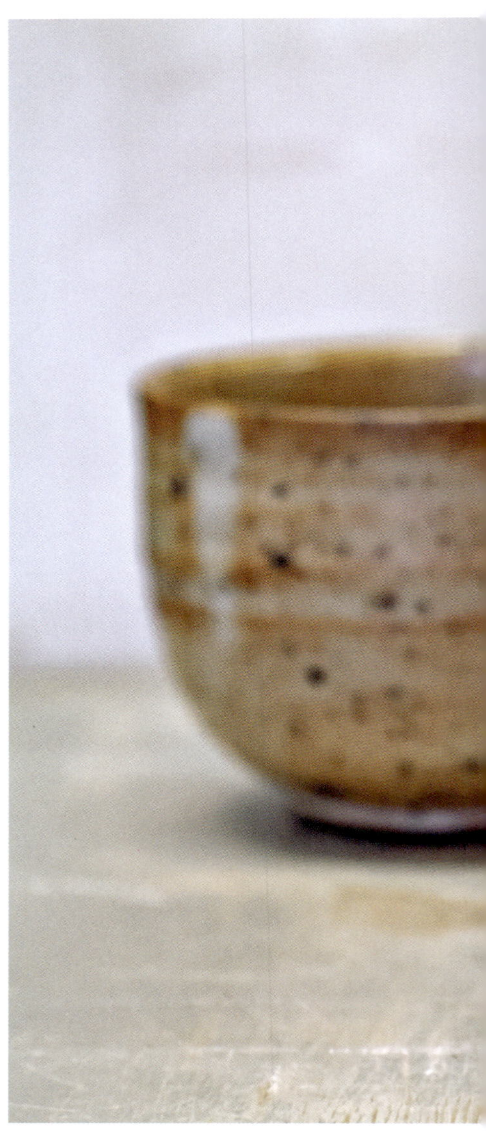

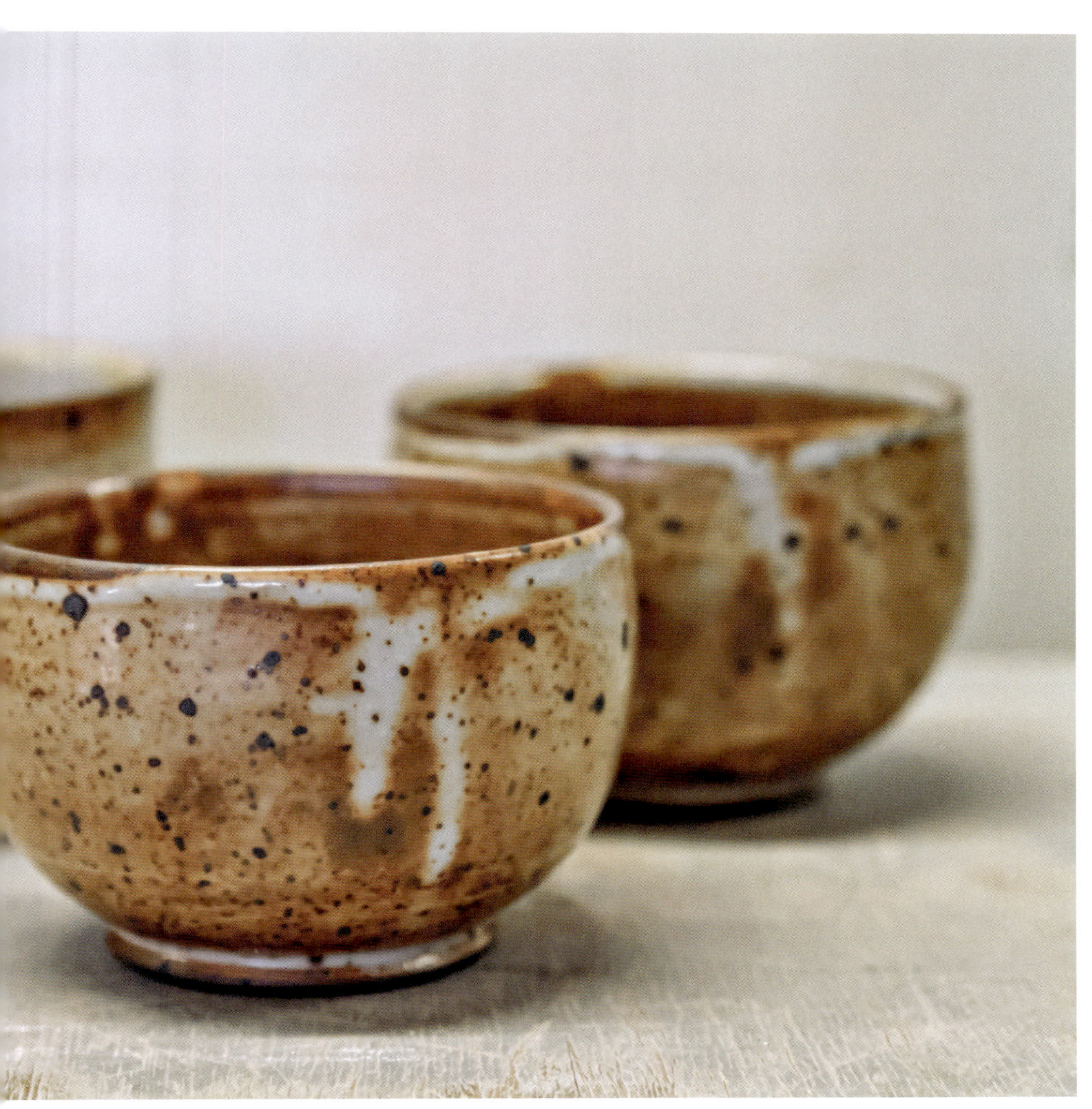

2015
H. 9,7 cm, D. 13,6 cm
Manganmasse
Feldspatglasur
Gasofen

2015
H. 9,7 cm, D. 13,3 cm
Manganmasse
Feldspatglasur
Gasofen

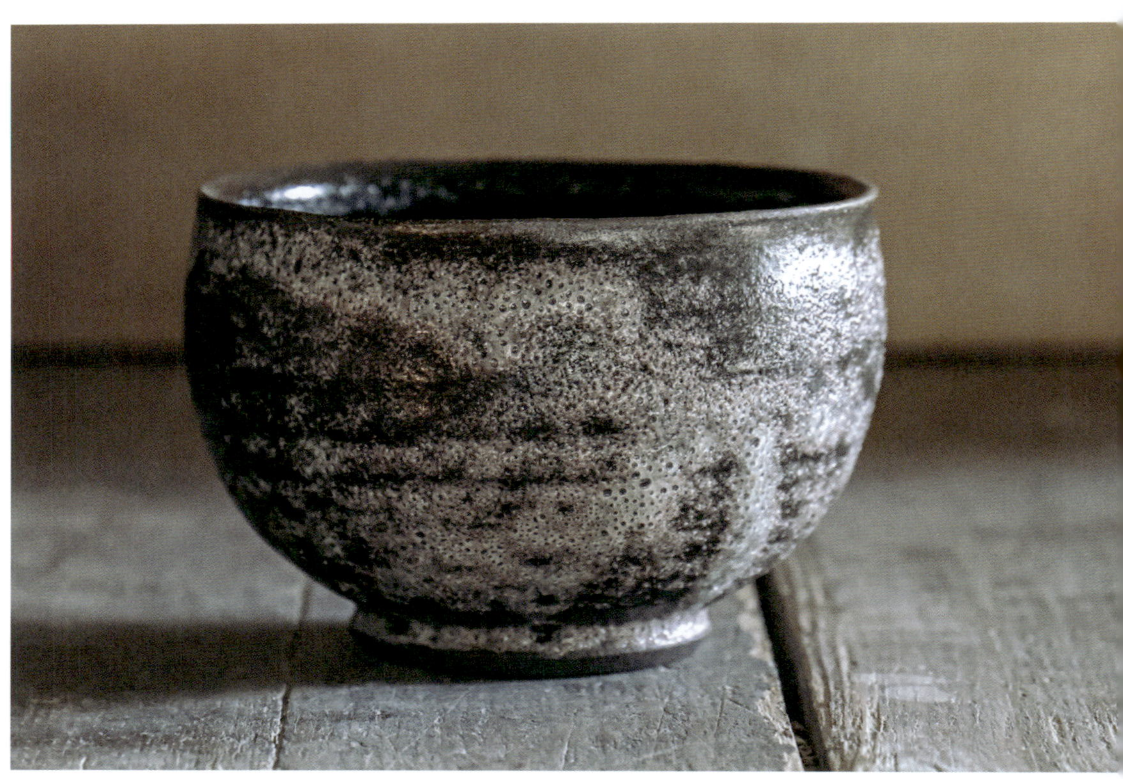

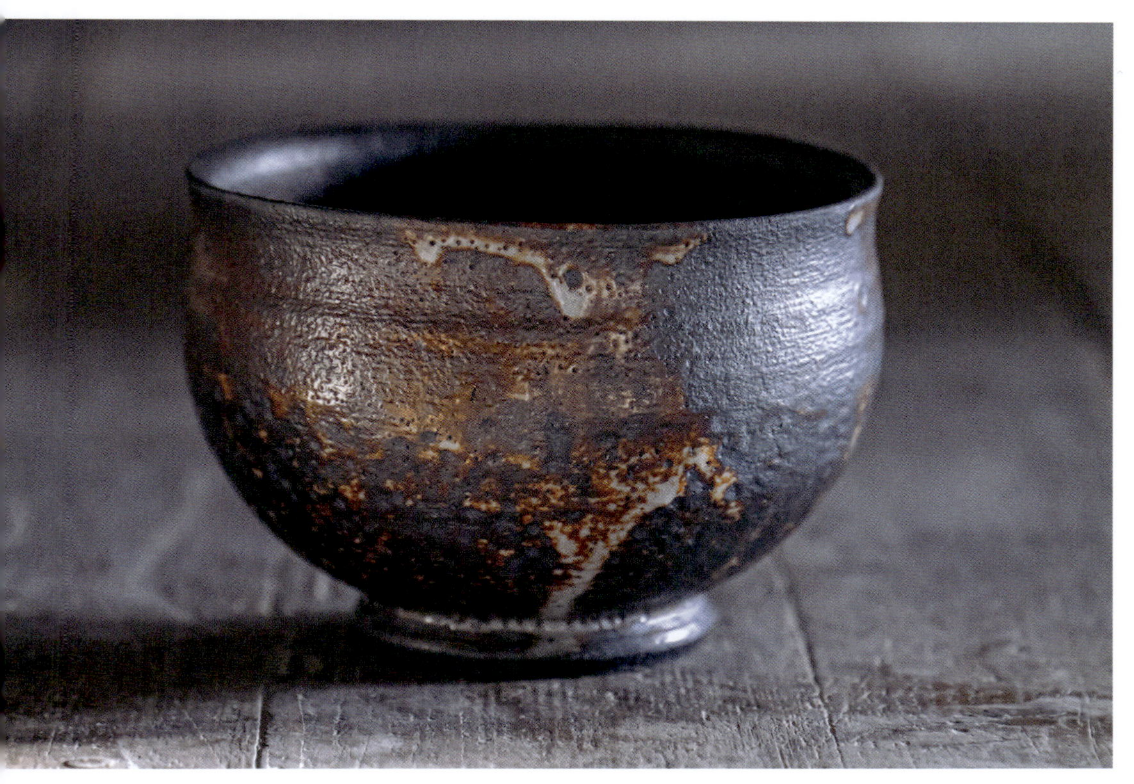

2012
H. 10,2 cm, D. 14,4 cm
Manganmasse
Craqueléglasur
Gasofen

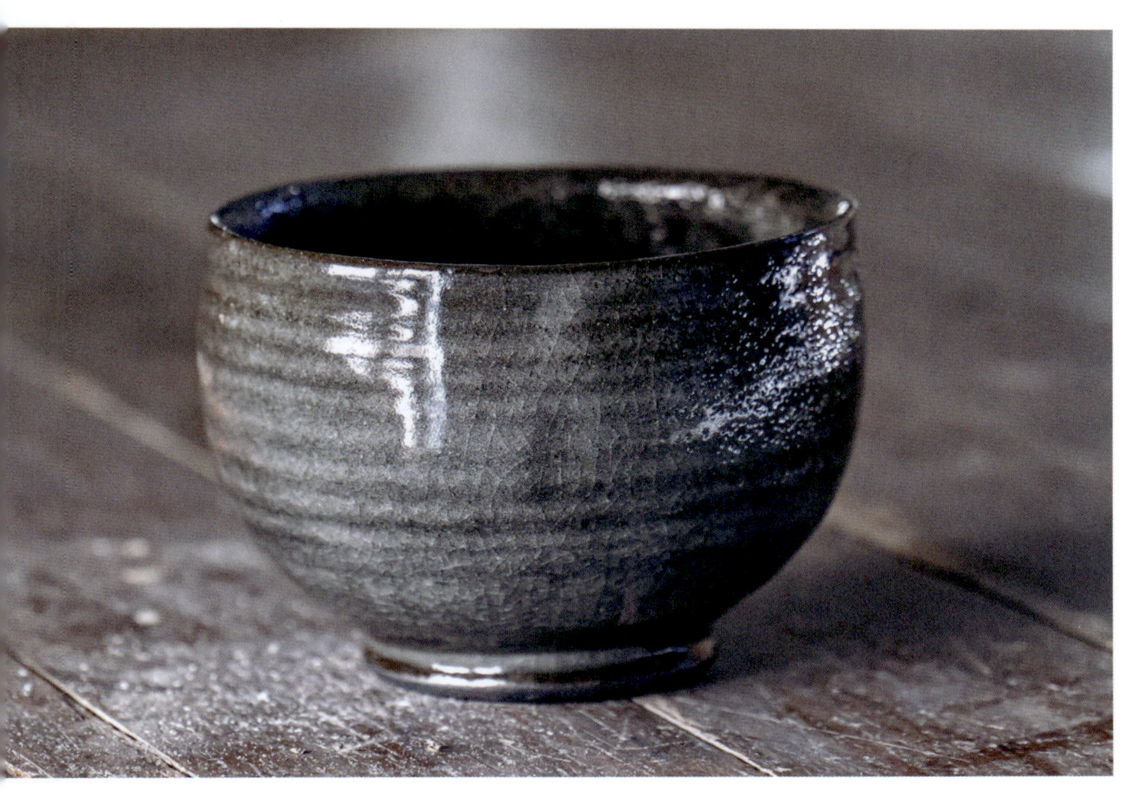

2016
H. 10,3 cm, D. 11,9 cm
Steinzeug
Holzofen

2016
H. 10,2 cm, D. 11,7 cm
Steinzeug
Holzofen

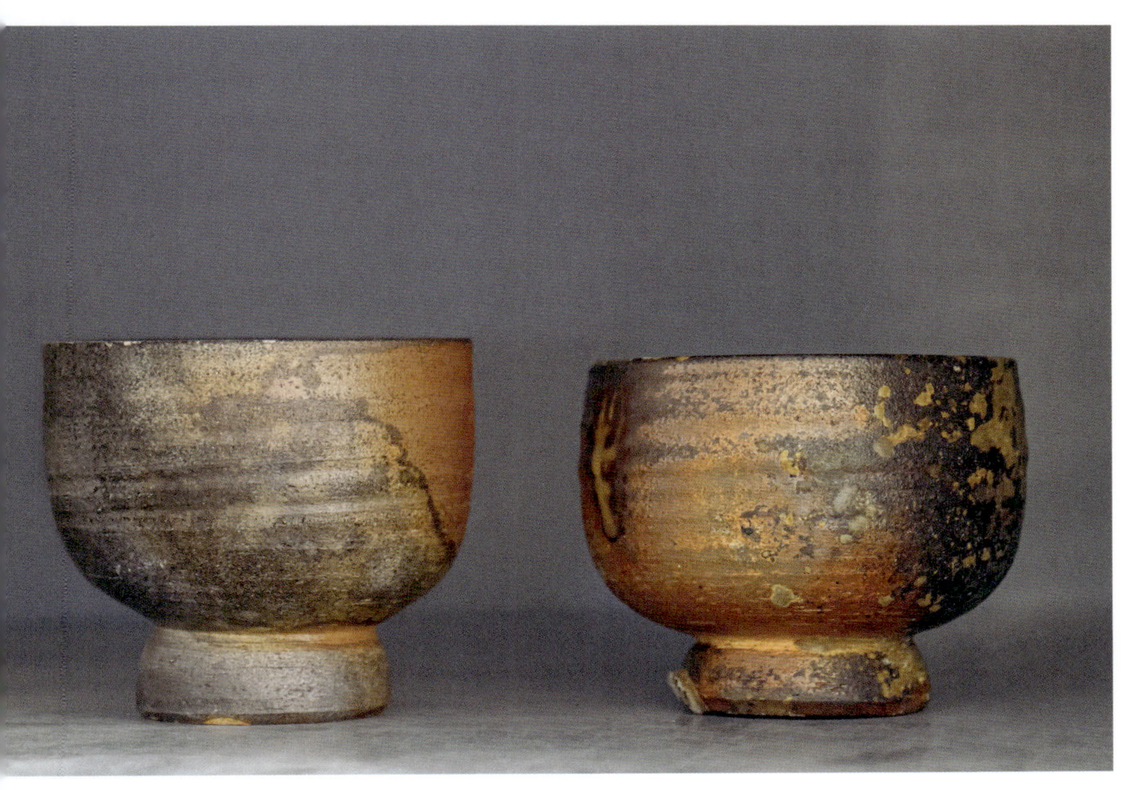

2016
H. 10,7 cm, D. 13,9 cm
Steinzeug
Holzofen

2003
H. 11,3 cm, D. 11,8 cm
Porzellanhaltiges Steinzeug
Shinoglasur
Gasofen

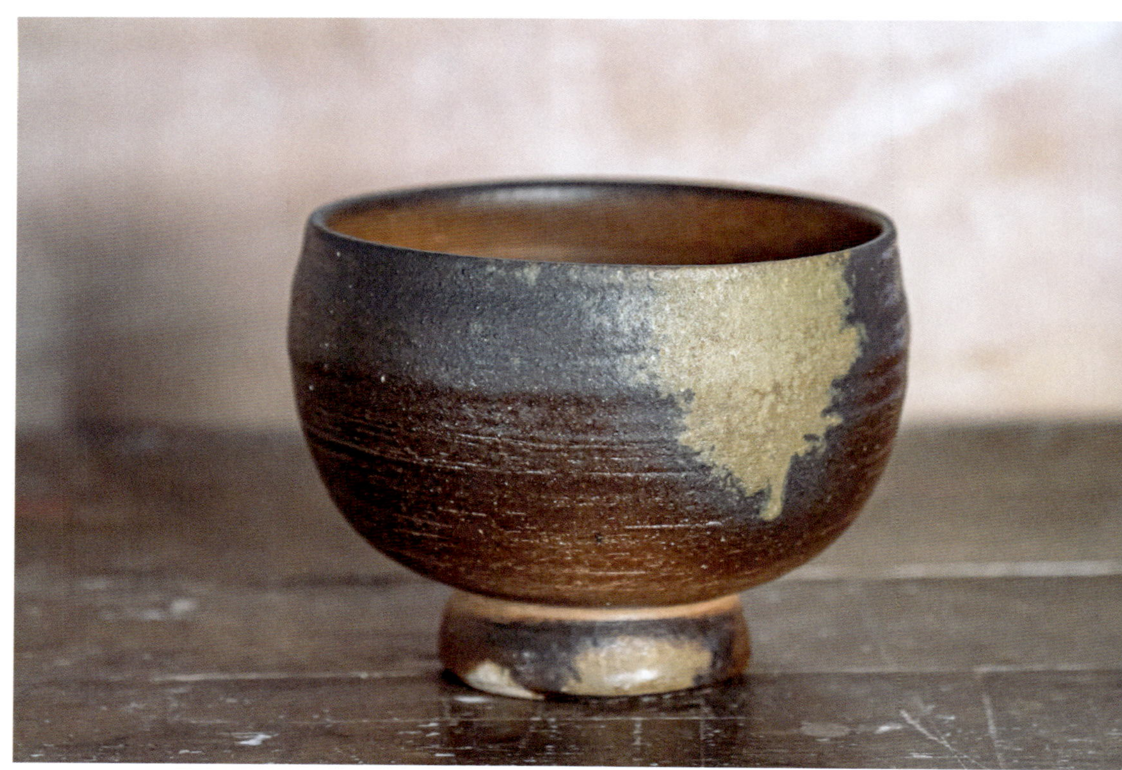

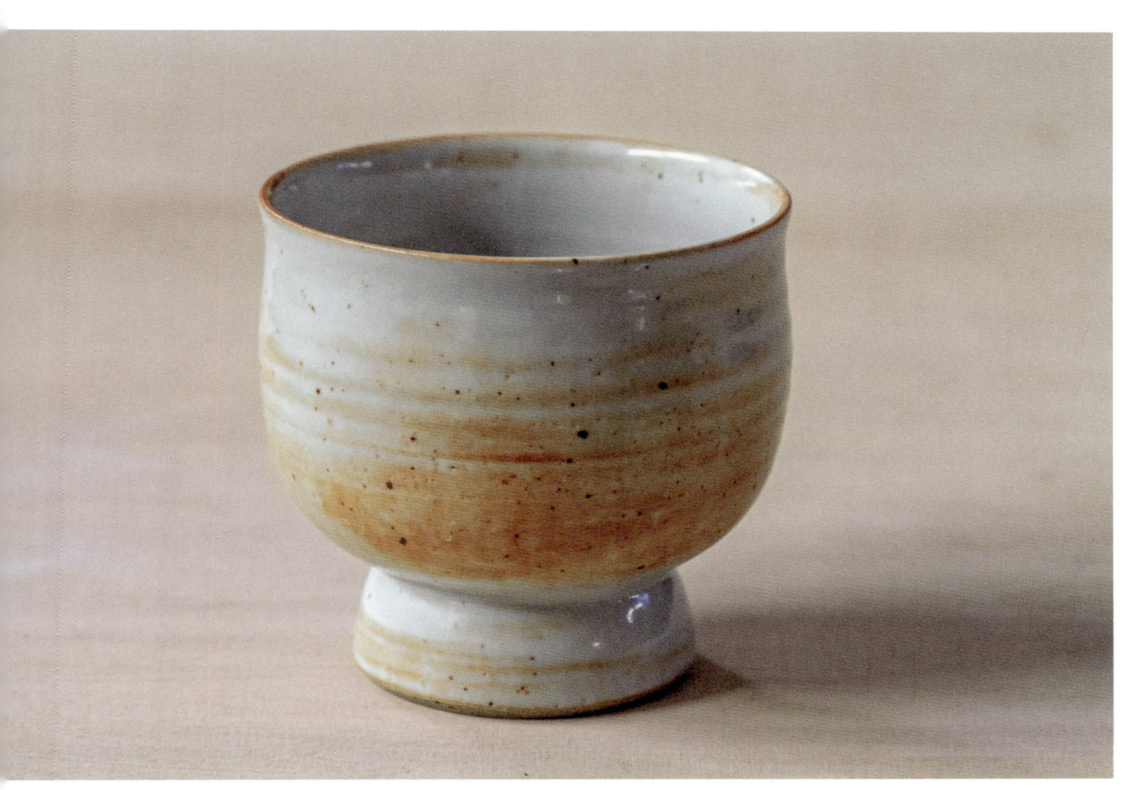

2005
H. 9,2 cm, D. 11,8 cm
Porzellanhaltiges Steinzeug
Shinoglasur
Gasofen

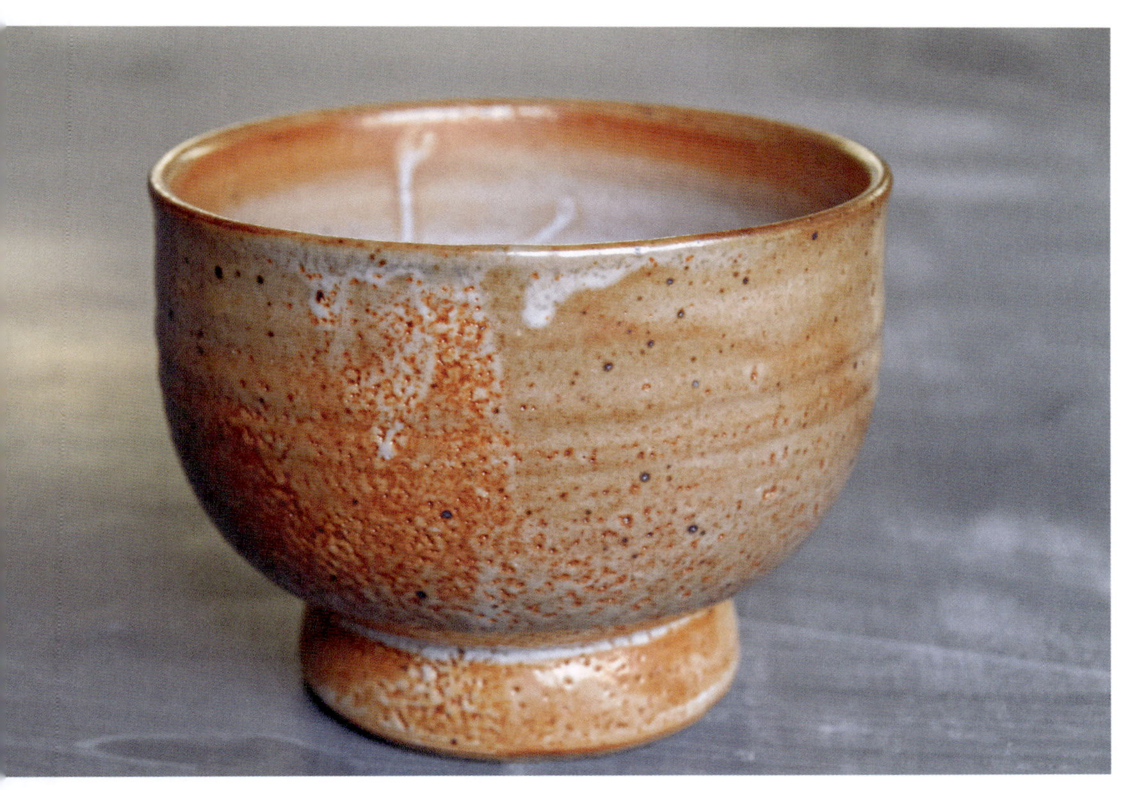

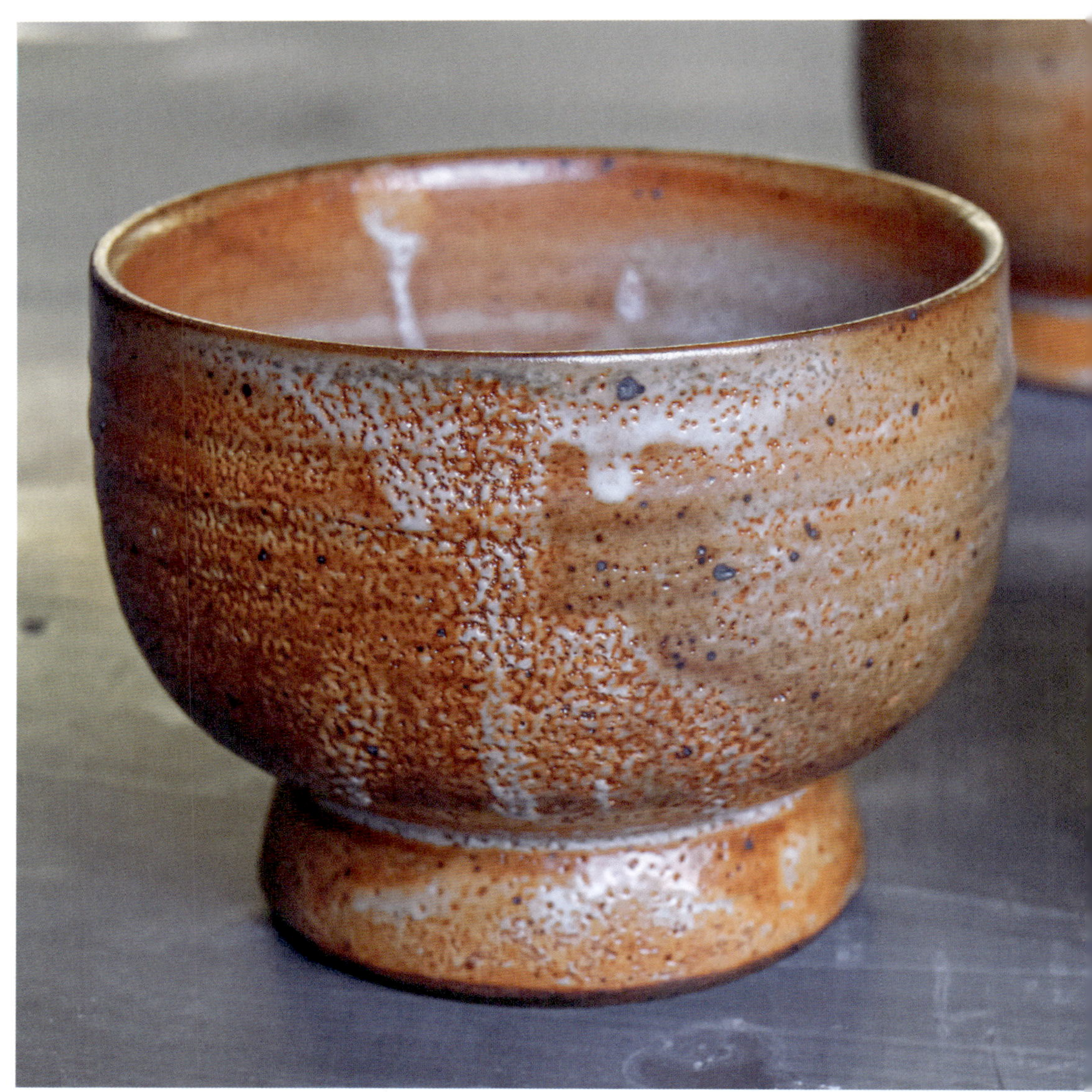

2005
H. 8,8 cm, D. 11,5 cm
Porzellanhaltiges Steinzeug
Shinoglasur
Gasofen

2005
H. 9,2 cm, D. 10,9 cm
Porzellanhaltiges Steinzeug
Shinoglasur
Gasofen

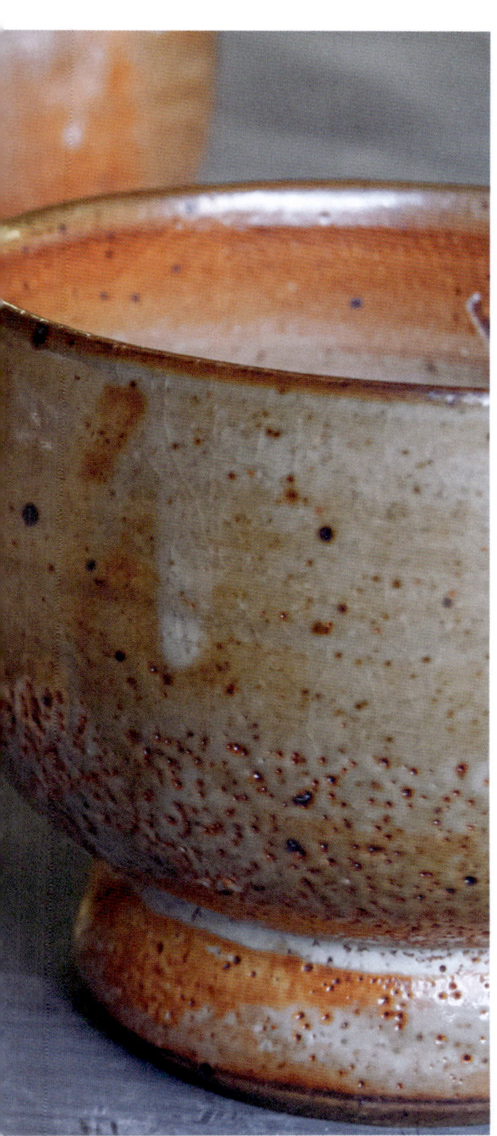

2013
H. 10,4 cm, D. 11,4 cm
Porzellanhaltiges Steinzeug
Shinoglasur
Gasofen

2013
H. 10,7 cm, D. 11,2 cm
Porzellanhaltiges Steinzeug
Shinoglasur
Gasofen

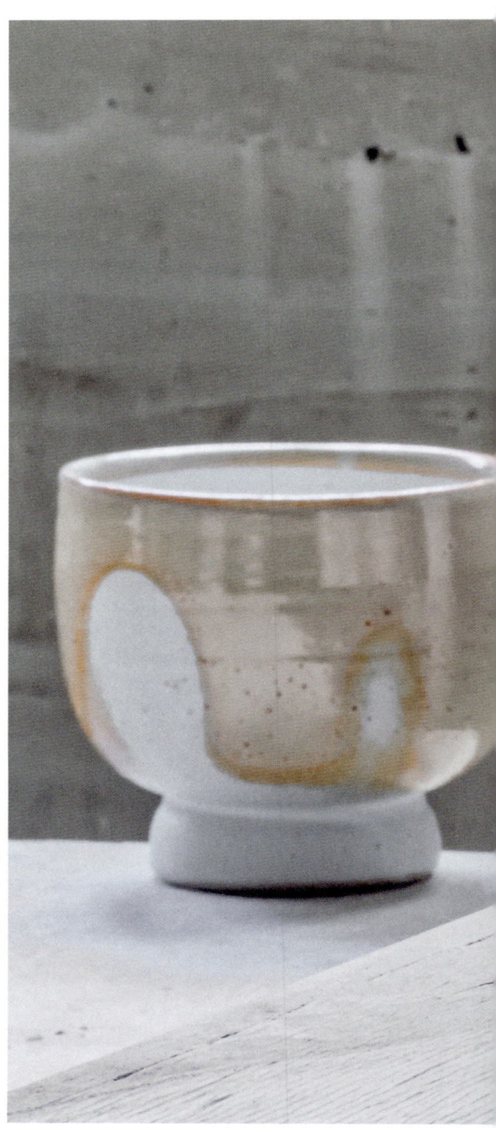

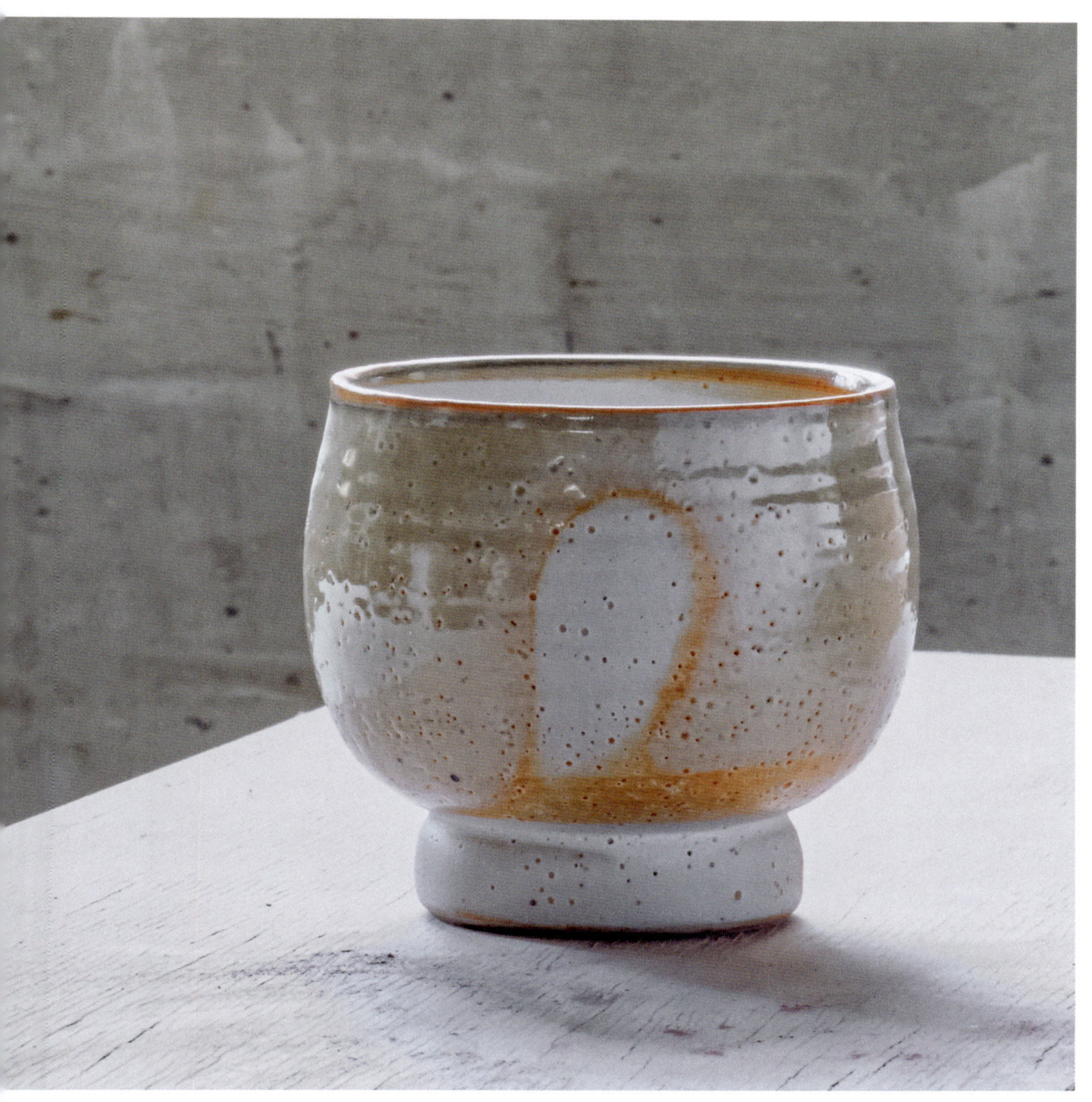

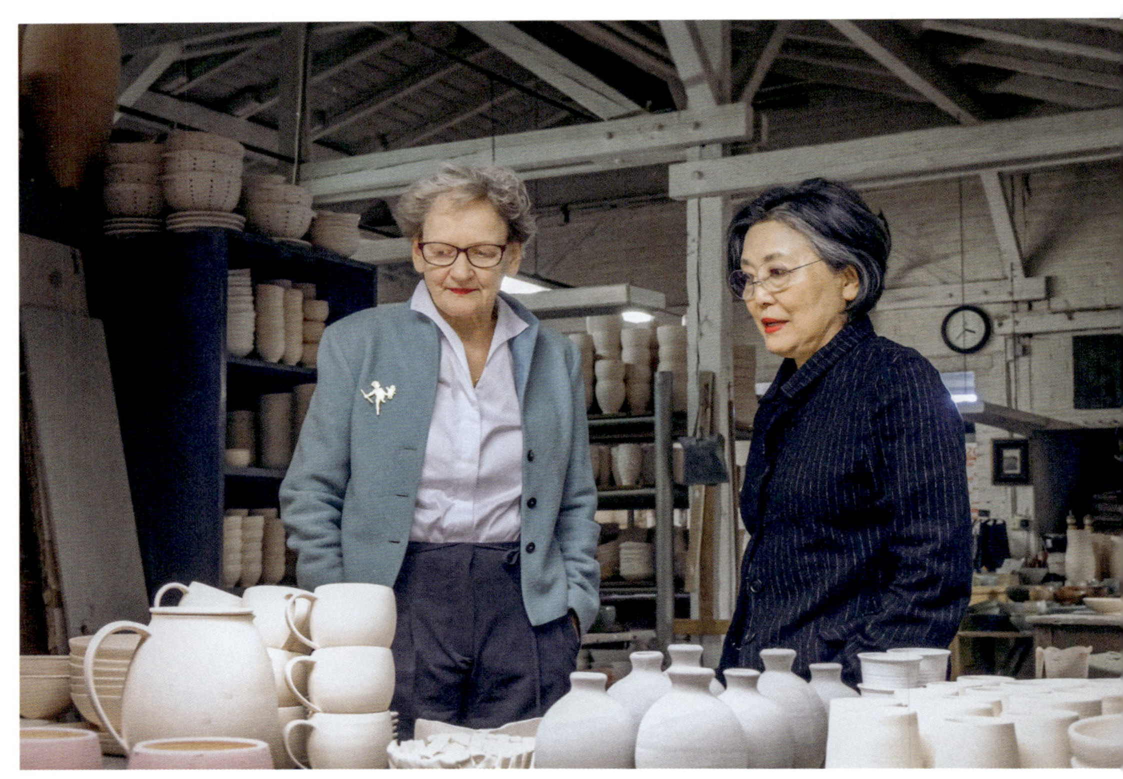

Gisela Jahn (l.) und Young-Jae Lee (r.) in der Keramischen Werkstatt Margaretenhöhe, Essen, 2020

YOUNG-JAE LEE

1951	Geboren in Seoul
1968–1972	Studium an der Hochschule für Kunsterziehung in Seoul
1972–1973	Praktikum bei Christine Tappermann in Wallrabenstein
1973–1978	Studium der Keramik bei Margot Münster sowie der Formgestaltung bei Erwin Schutzbach an der Fachhochschule Wiesbaden
1978–1987	Gründung und Betrieb der ersten eigenen Werkstatt in Sandhausen bei Heidelberg
1980	Auszeichnung mit dem 1. Preis der Frechener Kulturstiftung
1981	Auszeichnung mit dem Bampi-Preis zur Förderung junger Keramiker und Keramikerinnen
1984–1987	Wissenschaftlich-künstlerische Mitarbeiterin an der Gesamthochschule Kassel bei Ralf Busz
seit 1987	Leitung der Keramischen Werkstatt Margaretenhöhe in Essen
1989	Auszeichnung mit der Goldmedaille des Bayerischen Staatspreises
1997	Verleihung des Hessischen Staatspreises an die Keramische Werkstatt Margaretenhöhe
2001	Verleihung des Bayerischen Staatspreises für Gestaltung sowie des Dießener Keramikpreises an die Keramische Werkstatt Margaretenhöhe
2005	Verleihung des Hessischen Staatspreises an die Keramische Werkstatt Margaretenhöhe
2015	Gastprofessur für Keramik am Institut für Kunst und Design der EWHA Womans University, Seoul
2016	Ehrendoktorwürde der Eugeniusz-Geppert-Akademie der Schönen Künste, Breslau

AUSSTELLUNGEN IN AUSWAHL

2020	Enterventionale #2020, Paul-Clemen-Museum, Bonn
2019	Werkkunst. Keramiken von Young-Jae Lee, Dommuseum, Hildesheim
	Young-Jae Lee. Körper zu Körper, Museum Folkwang, Essen
	Young-Jae Lee und Eun-Mee Lee. Material zu Form, Zeche Zollverein, Essen, Mischanlage
	Young-Jae Lee. Emptying, Filling, and Emptying, Gwangju Museum of Art
2018	Bewegte Elemente. Young-Jae Lee und Petra Lemmerz, Bibliothek Sankt Georgen, Frankfurt
	Young-Jae Lee. Ceramics, Centre Culturel Coréen, Brüssel
	Arbeiten in Keramik. Young-Jae Lee, Galerie Karsten Greve, Köln / Paris
2017	Hingabe. Gefäße von Young-Jae Lee, Kloster Beuerberg, Diözesanmuseum Freising
	Young-Jae Lee. Gefäße, Hochschule für Bildende Künste Dresden
2016	Nicht schön. Vasen von und mit Young-Jae Lee aus der Keramischen Werkstatt Margaretenhöhe in Essen, MAK – Museum für angewandte Kunst, Wien
	Young-Jae Lee. Bowls, Muzeum Sztuki i Techniki Japońskiej Manggha, Krakau
	Young-Jae Lee. Vessels, Muzeum Architektury, Breslau
	Ceramics and Glass. Sensual Areas, Muzeum Miejskie, Breslau
2015	Tradition und Moderne im Dialog. Meisterwerke von Lee Young-Jae und traditionelle Koreanische Keramik, Museum für Ostasiatische Kunst, Köln
2014	Universality of the Essential. Ceramics by Young-Jae Lee, Pucker Gallery, Boston
	Young-Jae Lee und Keramische Werkstatt Margaretenhöhe. Große Schalen und Tee-Utensilien, Galerie Fred Jahn, München, Residenz
2013	Living Rooms, Musée du Louvre, Paris
	Young-Jae Lee und Emil Schumacher, Emil Schumacher Museum, Hagen
	Vessels. Installationen von Young-Jae Lee, LWL-Industriemuseum, Schiffshebewerk Henrichenburg, Waltrop

2012	Gefäße. Keramische Arbeiten von Young-Jae Lee, Zeche Zollverein, Essen
	Bauhaus Meets Korea. Ceramic Works by Young-Jae Lee, Pucker Gallery, Boston
2011	Behältnisse. Installation von Young-Jae Lee, Museum für Asiatische Kunst, Berlin
2010	Life in Ceramics. Five Contemporary Korean Artists, Fowler Museum at UCLA, Los Angeles
	Young-Jae Lee. Formen aus der Erde. Keramik im Spiegel der Werke der Altana Kulturstiftung, Museum Sinclair-Haus, Bad Homburg
	Teekeramik, Galerie Handwerk, München
2009	Young-Jae Lee. 111, Museum DKM, Duisburg
2008	Young-Jae Lee. Spindelvasen, Pinakothek der Moderne, München
	Made in Korea. Korea Festival, BOZAR – Palais des Beaux-Arts, Brüssel
	Young-Jae Lee, 1 + 1 = 1, Goethe-Institut Korea, Seoul
2007	Young-Jae Lee, Galerie Nichinichi, Tokio
2006	Young-Jae Lee. 1111 Schalen, Pinakothek der Moderne, München
2004	Young-Jae Lee. Gefäße, Museum Morsbroich, Leverkusen
2002	Keramische Werkstatt Margaretenhöhe 1924–1999, Grassi Museum für Angewandte Kunst, Leipzig
	Young-Jae Lee, Kunst-Station Sankt Peter, Köln
2000	Koreanische Keramik. Young-Jae Lee und Seung-Hong Yang, Museum Rietberg, Zürich
1996/97	Young-Jae Lee. Keramiken 1975–1995, Museum für Asiatische Kunst, Berlin / Museum für Ostasiatische Kunst, Köln
1995	Koreanische Keramik in Deutschland. Young-Jae Lee, Si-Sook Kang, Kap-Sun Hwang, Kloster Cismar
1991	Deutsche Keramische Kunst der Gegenwart, Keramion, Frechen
1989	10 Jahre Meister der Keramik, Volkshochschule, Leverkusen
1984	Keramik heute, Hetjens – Deutsches Keramikmuseum, Düsseldorf

GLOSSAR

Buncheong, übersetzt etwa »grau-grüne, pulververzierte Keramik«, japanische Bezeichnung für einen Typ glasierten Steinzeugs aus Korea, hergestellt in den ersten 200 Jahren der **Joseon-Dynastie (1392–1910)**; Material und Formvokabular sind durch die Seladone der **Goryeo-Dynastie (918–1392)** beeinflusst.

Chanoyu, wörtlich »heißes Wasser für Tee«, im Deutschen mit dem Begriff Teezeremonie übersetzt, bezeichnet im Japanischen die ritualisierte, nicht-religiöse Praxis, Tee zu trinken.

Engobe, verflüssigte Tonmasse, die ähnlich einer Glasur verarbeitet wird.

Ido chawan, ein aus Korea stammender Typus von Essschale, der sich u. a. durch seinen tiefen Boden auszeichnet; im Japan der späten Ashikaga-Zeit (1336–1573) besonders geschätzt und zur Teeschale umgedeutet; berühmtestes Beispiel ist die sogenannte **Kizaemon-Schale** (Korea, 15./16. Jahrhundert, H. 9,4 cm, D. 15,5 cm, Kohōan-Tempel, Daitoku-ji, Kyoto), die 1951 zum japanischen Nationalschatz erklärt wurde.

Mingei, zu Deutsch »Volkskunst«, japanische Kunstbewegung der 1920er- und 1930er-Jahre, die robuste und einfache, natur- und traditionsbedingte Schönheit wertschätzte; von Yanagi Sōetsu (1889–1961) nach einem Aufenthalt in Korea begründet.

Seladon, aus dem Französischen, verwendet für einen markanten Grünton respektive die graue bis gelbgrüne Glasur einer Gruppe östlicher Steinzeuge und Porzellane; wichtigster Keramiktypus der koreanischen Halbinsel, insbesondere zur Zeit der **Goryeo-Dynastie (918–1392)**, markiert einen technologischen wie konzeptuellen Wandel in der Keramikgeschichte des Landes.

Tenmoku, im Deutschen auch Temmoku, eine schwarzrote, eisenhaltige Steinzeugglasur mit glänzender Oberfläche, im Japanischen namensgebend für einen Typ von Keramik.

Wabi-Sabi, seit dem 12. Jahrhundert in Japan weit verbreitete Denkweise bzw. Ästhetik, die aus der Betonung der Einfachheit und der Bedeutung der natürlichen Welt im Zen-Buddhismus resultiert; Ausdruck eines Gefühls von Rustikalität, Melancholie, Einsamkeit, Natürlichkeit und Alter; während *Wabi* die Sinne erfreut, regt *Sabi* den Geist und die Emotionen an.

Mushanokōji, eine von drei japanischen Teeschulen, die sich auf den Teemeister und Zen-Mönch Sen no Rikyū (1522–1591) zurückführen; prominente Bewahrer der Teezeremonie mit liberaler Auslegung der Philosophie.

LITERATUR IN AUSWAHL

Lisbeth Kim Brandt, Objects of Desire: Japanese Collectors and Colonial Korea, in: Positions: East Asia Cultures Critique, Jg. 8, Nr. 3, 2000, S. 711–774

Max Creutz, Kleinkunst und Kunstgewerbe im Folkwang, in: Die Rheinlande, Nr. 3, Januar – Juni 1905, S. 105–111

Der Folkwang Impuls. Das Museum von 1902 bis heute, Ausst.-Kat., hrsg. von Tayfun Belgin und Christoph Dorsz, Osthaus Museum, Hagen 2012

Christoph Dorsz, Das Museum als Schule des Sehens. Karl Ernst Osthaus und die Japan-Sammlung des Museum Folkwang, in: Monet, Gauguin, van Gogh .... Inspiration Japan, Ausst.-Kat., Museum Folkwang, Essen / Kunsthaus Zürich, Göttingen 2014, S. 39–45

Franziska Ehmcke, Der japanische Tee-Weg. Bewusstseinsschulung und Gesamtkunstwerk, Köln 2005

Entdeckung Korea! Schätze aus deutschen Museen, Ausst.-Kat., hrsg. von Kim Jun Byung-Kook und The Korea Foundation, Museum für Ostasiatische Kunst, Köln / Grassi Museum für Völkerkunde, Leipzig / Museum für Angewandte Kunst, Frankfurt / Linden-Museum, Stuttgart, Berlin 2011

Faszination Keramik. Moderne japanische Meisterwerke in Ton aus der Sammlung Gisela Freudenberg, Ausst.-Kat., hrsg. von Stephan von der Schulenburg, Museum für Angewandte Kunst, Frankfurt 2015

Kurt Freyer, Das Folkwang-Museum in Hagen i. W., 1912, in: Dokumentation zur Geschichte des Museum Folkwang 1912–1945, hrsg. vom Museum Folkwang Essen, Essen 1983, S. 9–15

Godfrey St George Montague Gompertz, Korean Pottery & Porcelain of the Yi Period, London 1968

Claire Guitton, »Neue Horizonte und Freiheiten entdecken« – *Japonisme* und die angewandte Kunst in Frankreich, in: Monet, Gauguin, van Gogh .... Inspiration Japan, Ausst.-Kat., Museum Folkwang, Essen / Kunsthaus Zürich, Göttingen 2014, S. 79–85

Herta Hesse-Frielinghaus (Hrsg.), Karl Ernst Osthaus. Leben und Werk, Recklinghausen 1971

Ikutaro Itoh, Korean Ceramics from the Museum of Oriental Ceramics, Osaka, Ausst.-Kat., The Metropolitan Museum of Art, New York 2000

Norbert Jacques, Der Folkwang, in: Hamburger Zeitung, Jg. 11, Nr. 531, 12.11.1906, o. S.

Gisela Jahn / Anette Peterson-Brandhorst, Erde und Feuer. Traditionelle japanische Keramik der Gegenwart, Ausst.-Kat., Deutsches Museum, München 1984

Korea – Die alten Königreiche, Ausst.-Kat., hrsg. von der Kulturstiftung Ruhr, Villa Hügel, Essen / Kunsthalle der Hypo-Vereinsbank, München / Museum Rietberg, Zürich, München 1999

Bernard Leach, Das Töpferbuch, Bonn 1971

Soyoung Lee, Goryeo Celadon, in: *Heilbrunn Timeline of Art History,* New York 2000, http://www.metmuseum.org/toah/hd/cela/hd_cela.htm (6.3.2020)

Soyoung Lee, Joseon *Buncheong* Ware. Between Celadon and Porcelain, in: *Heilbrunn Timeline of Art History,* New York 2000, http://www.metmuseum.org/toah/hd/pnch/hd_pnch.htm (6.3.2020)

Weijia Li, Zwischen Romantik und Orientalismus. Ostasiatische Kunstgeschichte in der Weimarer Republik am Beispiel von Karl With und Alfred Salmony, in: German Studies Review, Jg. 38, Nr. 3, Oktober 2015, S. 531–554

Suzanne Marchand, Popularizing The Orient in *Fin de Siècle* Germany, in: Intellectual History Review, Jg. 17, Nr. 2, 2007, S. 175–202, https://doi.org/10.1080/17496970701383670 (8.3.2020)

Tsugio Mikami, The Art of Japanese Ceramics, New York / Tokio 1972

Gertrud Osthaus, Das Museum Folkwang in Hagen, 1913, in: Der Folkwang Impuls. Das Museum von 1902 bis heute, Ausst.-Kat., hrsg. von Tayfun Belgin und Christoph Dorsz, Osthaus Museum, Hagen 2012, S. 130–131

Karl Ernst Osthaus, [Beschreibung des Museum Folkwang für einen geplanten Kurzführer], um 1913, in: Dokumentation zur Geschichte des Museum Folkwang 1912–1945, hrsg. vom Museum Folkwang Essen, Essen 1983, S. 15 f.

Panyaro: The Korean Way of Tea, http://anthony.sogang.ac.kr/EngPanyaro.htm (17.1.2020)

Hans Rosenhagen, »Folkwang«. Museum für Kunst und Wissenschaft in Hagen I. W., in: Dekorative Kunst, Nr. 11, 1903, S. 1–19

Hayashiya Seizō, The Korean Teabowl, in: Chanoyu Quarterly. Tea and The Arts of Japan, Nr. 18, 1977, S. 28–46

Choi-Bae Soontaek, Seladon-Keramik der Koryō-Dynastie 918–1392, Bestandskatalog, Museum für Ostasiatische Kunst, Köln 1984

Rainer Stamm, Weltkunst und Moderne, in: »Das schönste Museum der Welt«. Museum Folkwang bis 1933. Essays zur Geschichte des Museum Folkwang (Folkwang Texte, Bd. 1), Göttingen 2010, S. 27–46

Bruder Anthony von Taizé / Hong Kyong-Hee, The Korean Way of Tea, Seoul 2011

Henry van de Velde, Das Museum »Folkwang« in Hagen, in: Innendekoration, Jg. 13, November 1902, S. 273–277

Anna Willmann, The Japanese Tea Ceremony, in: *Heilbrunn Timeline of Art History,* New York 2000, http://www.metmuseum.org/toah/hd/jtea/hd_jtea.htm (6.3.2020)

Sōetsu Yanagi, Die Schönheit der einfachen Dinge. Mingei. Japanische Einsichten in die verborgenen Kräfte der Harmonie, Bergisch Gladbach 1999

Young-Jae Lee. 1111 Schalen, Ausst.-Kat., hrsg. von Reinhold Baumstark, Pinakothek der Moderne, München 2006

Kim Young-Won, Die natürliche Eleganz des reinen Weiß. Die Keramik der Joseon-Zeit, in: Eleganz und Verzicht, Ausst.-Kat., Museum für Angewandte Kunst, Frankfurt 2005

AUTORENBIOGRAFIEN

Peter Gorschlüter ist seit 2018 Direktor des Museum Folkwang. Nach mehrjähriger Tätigkeit als wissenschaftlicher Mitarbeiter und Kurator an der Kunsthalle Düsseldorf wirkte er von 2008 bis 2010 als Chefkurator an der Tate Liverpool und leitete dort die Abteilung Sammlung und Ausstellungen. Von 2010 bis 2018 war er stellvertretender Direktor am MMK Museum für Moderne Kunst Frankfurt am Main, wo er u. a. Ausstellungen mit den Künstlerinnen Rineke Dijkstra, Jewyo Rhii, Fiona Tan, dem Modeschöpfer Kostas Murkudis sowie eine Retrospektive von Hélio Oiticica konzipierte. Peter Gorschlüter ist Mitbegründer der Triennale *Ray Fotografieprojekte Frankfurt/RheinMain*, Kuratoriumsvorsitzender der Deutsche Börse Photography Foundation und assoziiertes Mitglied des Frankfurter Forschungszentrums Historische Geisteswissenschaften.

Nadine Engel ist seit 2018 Sammlungsleiterin für die Kunst des 19. und frühen 20. Jahrhunderts im Museum Folkwang und betreut auch die Sammlung von Weltkunst, Archäologie und Kunstgewerbe. Sie studierte Kunstgeschichte, Spanisch und Italienisch in Heidelberg und Mainz, wo sie mit einer Arbeit zur modernen Wunderkammer promovierte. Nach mehrjähriger Galerietätigkeit absolvierte sie ihr Volontariat an der Neuen Sammlung und den Bayerischen Staatsgemäldesammlungen in München. Von 2017 bis 2018 war sie wissenschaftliche Mitarbeiterin an der dortigen Sammlung Moderne Kunst.

Gisela Jahn studierte Keramik an der Akademie für Bildende Künste in München. Von 1979 bis 2014 bereiste sie regelmäßig Japan. Mit Anette Peterson-Brandhorst kuratierte sie die Ausstellungen *Erde und Feuer: Japanische Traditionelle Keramik der Gegenwart* (1984) und *Shimaoka Tatsuō: Keramik* (1986). In der Galerie Fred Jahn war sie für Ausstellungen und Kataloge moderner traditioneller Keramik aus Japan zuständig. Sie hatte Lehraufträge am Institut für ostasiatische Kunst der Universität zu Heidelberg sowie der Freien Universität Berlin und veröffentlichte die beiden umfangreichen Studien *Meiji Ceramics. The Art of Japanese Export Porcelain and Satsuma Ware* (2004) und *Japanische Keramik. Aufbruch im 20. Jahrhundert* (2014). Mit Young-Jae Lee verbindet sie seit 1986 eine intensive Zusammenarbeit, die sich u. a. in Ausstellungen im Museum für Asiatische Kunst, Berlin (1996), im Museum Morsbroich, Leverkusen (2004), und in der Pinakothek der Moderne, München (2006), niederschlug.

BILDNACHWEIS

Bildarchiv Foto Marburg S. 13, 15
Denis Bury, Essen: S. 60–108
Christie's, New York: S. 48
Seo Heun-kang, National Research Institute of Cultural Heritage: S. 49, Abb. 12
Dokyun Kim, Seoul: S. 20/21
Museum Folkwang, Essen: S. 10, 14, 22/23, 24/25
Museum Folkwang, Essen, Foto: Hans Hansen: S. 11, Abb. 2, 3
Museum für Asiatische Kunst, Staatliche Museen zu Berlin, Foto: Jürgen Liepe, S. 44, Abb. 1
Museum für Asiatische Kunst, Staatliche Museen zu Berlin, Foto: Susanna Schulz: S. 50, Abb. 13–15
Julia Reschucha, Essen: S. 26/27, 28/29
Rheinisches Bildarchiv Köln (RBA 186 971): S. 44, Abb. 2
Sammlung Heinz Slunecko: S. 45, Abb. 3; S. 46/47, Abb. 4–9
Staatliche Ethnographische Sammlungen Sachsen, GRASSI Museum für Völkerkunde zu Leipzig, Foto: Erhard Schwerin: S. 49, Abb. 11

IMPRESSUM

Diese Publikation erscheint anlässlich der Ausstellung
Young-Jae Lee. Körper zu Körper
23. Mai – 14. Juli 2019
Museum Folkwang, Essen

Die Ausstellung war Teil von
TRY AGAIN, FAIL AGAIN, FAIL BETTER – Impuls Bauhaus. Das Festival der Folkwang Universität der Künste
Eine Veranstaltung der Folkwang Universität der Künste in Kooperation mit dem Ruhr Museum, der Stiftung Zollverein sowie in Zusammenarbeit mit dem Museum Folkwang und der Klassik Stiftung Weimar, gefördert im Fonds Bauhaus heute der Kulturstiftung des Bundes.

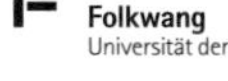

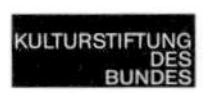

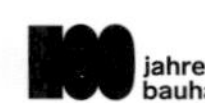

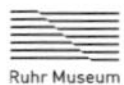

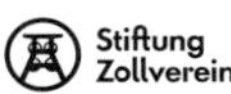

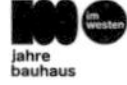

Ausstellung

Direktor: Peter Gorschlüter
Verwaltungsleitung: Thomas Grimm
Kuratorin: Nadine Engel
Restauratorinnen: Frederike Breder, Silke Zeich
Registrarinnen: Susanne Brüning, Lisa Rosche
Ausstellungsgestaltung und -möbel: Young-Jae Lee (Keramische Werkstatt Margaretenhöhe); Till Wellner (Museum Folkwang)
Ausstellungsaufbau: Max Biermann, Lynn Dinges, Daniela Glattki, Shoko Ishioka, Young-Jae Lee, (Keramische Werkstatt Margaretenhöhe); Reiner Baldau, Olaf Masuch, Klaus Schlüter, Gert Ufer, Till Wellner (Museum Folkwang)
Kommunikation und Marketing: Anka Grosser, Anna Littmann
Bildung und Vermittlung: Peter Daners

Museum Folkwang
Museumsplatz 1
D–45128 Essen
Tel.: +49 201 8845 000
Fax: +49 201 889145 000
www.museum-folkwang.de

Publikation

Herausgeber: Museum Folkwang
Autoren: Gisela Jahn, Nadine Engel, Peter Gorschlüter (Vorwort)
Redaktion: Nadine Engel
Grafische Gestaltung: Silke Nalbach, Mannheim
Lektorat: Annette Siegel, München
Offset-Reproduktion: Schwabenrepro, Fellbach
Druck: Offizin Scheufele, Stuttgart
Papier: Maxioffset 150 g/qm

arnoldsche Art Publishers
Olgastraße 137
D–70180 Stuttgart
Tel.: +49 711 64 56 18 0
www.arnoldsche.com

Bibliografische Information der Deutschen Nationalbibliothek
Die Deutsche Nationalbibliothek verzeichnet diese Publikation in der Deutschen Nationalbibliografie; detaillierte bibliografische Daten sind im Internet über www.dnb.de abrufbar.

ISBN 978-3-89790-605-1

Made in Europe, 2020

Umschlagabbildung:
Young-Jae Lee, *Spinatschalen*, 2013, H. 10,4 cm, D. 11,4 cm, Keramische Werkstatt Margaretenhöhe, Essen [ABB. S. 106]

Frontispiz:
Young-Jae Lee, Schale, 1997, H. 8,4 cm, D. 17 cm, Keramische Werkstatt Margaretenhöhe, Essen

Dank an:
Ingrid Welle
Folkwang-Museumsverein e. V.